KB081594

이데올로기 변혁운동

변혁 심서

박대진 지음

창조와 지식

변혁심서

초판 1쇄 발행 2019년 12월 02일

지은이 박대진
펴낸이 김동명
펴낸곳 도서출판 창조와 지식
디자인 주식회사 북모아
인쇄처 주식회사 북모아

출판등록번호 제2018-000027호
주소 서울특별시 강북구 덕릉로 144
전화 1644-1814
팩스 02-2275-8577

ISBN 979-11-6003-186-7

가 격 13,000원

지식의 가치를 창조하는 도서출판 **창조와 지식**
www.mybookmake.com

변
혁
심
서

책을 시작하며

자유와 평등이라는 가치체계의 자유민주주의, 자본주의의 이데올로기는 대한민국의 역사와 함께 시작되었다. 그러나 70년이 지난 지금 이제는 이 정치이데올로기도 변혁운동이 필요한 시대가 되었다.

기존의 이 정치이데올로기로는 선진 대한민국을 만들 수 없고, 한반도 통일을 이룩할 수 없으며, 온갖 불법과 부정, 부조리 부패한 나라를 바로 세울 수도 없다. 특히, 정치인들은 진보와 보수라는 낡은 이념의 틀에 끼여 빠져나오지 못하고 있고, 정치를 하면서 무엇이 국익을 위하고 진정으로 국민을 위한 정치인지를 알지 못하는 무지의 이데올로기에 함몰되어 있다. 이것이 정치이데올로기의 변혁운동이 필요한 이유다.

새로운 정치이데올로기 변혁운동의 가치체계는 자유와 평등이라는 가치에 양심에 의한 정의, 사랑과 포용, 조화와 행복이라는 가치를 더해 새로운 정치이데올로기를 만들고 이를 실천하는 정치이데올로기 변혁운동을 추진해야 한다. 그리하여 이 새로운 이데올로기를 우리 모두의 신념으로 삼아야 한다. 이렇게 될 때 선진 대한민국을 만들고 통일을 앞 당 길 수 있다. 나는 지성과 따뜻한 감성이 부족하지만 양심에 의한 정의, 사랑과 포용, 조화와 행복이 새로운 정치이데올로기의 최고의 가치라는 믿음을 전하고 싶어서 이 글을 썼다.

분단된 한반도에서 이 시대를 살아가고 있는 우리가 간절히 희망하고 있는 것은 대한민국이 선진국이 되고 분단된 남북이 통일을 이룩하는 일일 것이라는 것에 모두 동의할 것이다. 우리가 이 대업을 성취하기 위해서는 무엇보다도 우리 마음가짐의 중심에 양심에 의한 정의와 사랑과 포용, 조화와 행복이라는 가치들을 마음가짐의 중심에 있는 솟대의 주머니에 넣어 놓고 살아가야 한다는 믿음을 전하고 싶었다. 그리하여 이러한 마음가짐 중심에 솟대를 세우고 살아가는 자세야말로 자신이 꿈꾸는 일을 성취하는 힘의 원천이 될 수 있고 삶이 행복해 질 수 있다고 믿었기 때문이다.

우리 사회 전반에 걸쳐 뿌리를 깊이 내리고 있는 불법과 부정, 부조리 부패 현상을 청산하고 극복하는 일도 우리 모두가 이러한 마음가짐의 신념을 확고히 갖고 이데올로기 변혁운동을 전개할 때 가능하다. 최근 언론을 통한 여론조사에서 20대가 다른 세대보다 애국심이 가장 강한 세대라는 것을 보았다. 나는 이러한 보도를 보면서 대한민국 미래는 희망이 있다는 다짐을 했다.

선진 대한민국과 통일은 현재 분단된 한반도에 살고 있는 우리 모두가 함께 실현해야 할 시대적 소명이고 역사적 책무라는 사실은 누구나 다 잘 알고 있는 일이지만 우리는 일상생활에서 이것을 잊고 살아가고 있다는 것이다. 인생에 있어 젊음이란 것도 마치 바람처럼 빠르게 지나가는 것처럼 우리는 늘 이것을 쉽게 잊어버리고 살고 있다. 하지만 우리의 마음가짐의 중심에 양심에 의한 정의와 사랑과 포용 조화와 행복이 삶의 최고의 가치라는 것을 우리의 신념에 우뚝 세워 놓을 수 있는 이데올로기 변혁운동을 함께 추진한다면, 우리는 이미 교양 있는 선진국 시민이라는 자부심과 긍지를 가져도 되지 않을까.

인생에 있어 행복은 바로 과거의 깊은 성찰과 함께 미래에 대한 희망의 다짐을 하면서 동시에 현재 우리 자신이 꿈꾸는 일을 용기 있는 행동으로 실천해야 한다는 것을 의미한다. 망설이는 것처럼 바보스럽고 어리석은 것은 없다. 이것이 지난 온 나의 삶을 통해 느낀 평범하고도 사소한 깨달음이었다. 어떠한 위기와 시련, 좌절이 오더라도 지혜롭게 도전하고 응전할 줄 아는 마음가짐의 태도는 인간만이 갖고 있는 특권이며 또한 즐거움이 아닌가.

그러므로 인생에 있어 성공한 삶은 과연 무엇일까. 성공하지 않더라도 삶의 참된 의미의 행복한 삶은 무엇일까. 그것은 바로 어떠한 불법과 부정, 부조리와 부패와 타협하지 않고, 성실하고 정의롭게 살아가는 자세, 즉 항상 맑고 밝은 눈으로 사물을 바라보면서 따뜻한 감성으로 상대를 대하고 지혜로운 마음으로 자기사랑을 하고, 합리적인 이성과 용기 있는 행동으로 자신이 꿈꾸는 일을 실천하는 것이 성공한 삶이고 참된 의미의 행복한 삶이다.

정치가 삶이고 삶이 정치이듯이, 우리 모두의 마음이 이런 마음가짐이라면, 아무리 어둡고 어려운 상황 하에서도 영원히 빛날 수 있는 자신의 별자리를 만들 수 있다는 것이다. 이것이 인생에서 가장 성공한 삶이고 진정한 삶을 살아가는 참된 의미의 행복한 삶이다.

2019년 가을이 시작되는 운주산 끝자락에서

차례

이
데
올
로
기

　　민주화운동 이후 40여년의 세월이 흘렀지만 권력을 잡은 정치
인들은 양심에 의한 정의와 사랑과 포용, 조화와 행복의 정치이데
올로기를 실천하지 못하고 있다. 이런 무지의 정치이데올로기로
인해 나라는 불법과 부정, 부조리와 부패의 아수라장이 되었고 온
갖 반칙과 특권, 불공정과 편법이 법치와 자유, 기회균등과 공정한
경쟁을 제거하고 있다. 이런 현상은 파시즘인 전체주의 이데올로
기로 변질되어 가고 있는 현상을 나타내고 있다. 즉, 정권을 잡은
세력들은 공정한 경쟁을 배제시키고 자신들만이 모든 것을 독차
지 하겠다는 자기편애의 행동을 정당화 시키고 있다. 여기에다 위
선과 가식 기만과 사기, 미움과 보복으로 편 가르기의 정치놀음을

하다 보니 국민이 누려야 할 행복한 삶에 피로감만 더해 주고 있다.

이처럼 우리의 정치 지도자들이 국가와 사회공동체를 이끄는 민주적인 정치철학과 국민과 함께하는 정치사상이 없이 정치를 하다 보니 국민들은 정치에 혐오증을 느끼게 되고 뉴스만 들어도 저절로 짜증이 나는 불행한 삶을 살아갈 수밖에 없다.

정권이 바뀔 때마다 변화와 개혁, 적폐 청산이라는 미명하에 행해지고 있는 이런 행태는 국가와 사회공동체, 국민을 위한 권익보다는 남이야 어찌 되든 나만 잘 먹고 잘 살면 된다고 생각하고 사는 도둑놈같이 자신들의 밥그릇 챙기기에 혈안이 되어 있다. 이런 후진적인 정치행태 때문에 국민들은 올바른 정치에 대한 믿음을 갖지 못하고 있다. 그 결과 이념과 계층, 지역과 세대 간의 갈등과 반목은 더욱 심화되었다. 이러한 갈등과 반목의 심화는 국가와 사회공동체, 국민 속에서 온갖 불법과 부정, 부조리와 부패를 더욱더 양산시키고 있다. 결국 이것 때문에 자유주의는 길을 잃게 되었고 민주주의는 후퇴하고 있고 자본주의는 성장을 멈추고 있다.

이처럼 우리의 마음가짐의 중심축에 있어야 할 올바른 정치이데올로기의 신념, 정치 철학과 사상에는 양심에 의한 정의는 없고 사랑과 포용은 사라졌고 조화와 행복은 전혀 볼 수 없다는 것이다.

더구나 이런 잘못된 행태가 지식과 정보화가 되면서 더 지능화 되고 교묘해 지면서 종교와 교육, 예술과 문화 등 다양한 부문까지 영향을 미쳐 광범위하게 퍼져 우리의 마음가짐의 중심에 뿌리를 내리고 있다는데 문제의 심각성이 있다.

도둑놈이 되어버린 병든 정치이데올로기의 신념체계를 변혁하기 위해서는 마음가짐의 중심에 정치철학과 사상, 즉 이데올로기의 신념체계를 올바르게 바로 세워야 한다. 무엇보다도 우리 스스로 선진국 시민이라는 긍지와 자부심을 갖도록 분명한 정치이데올로기의 철학과 사상을 갖고 있어야 한다. 선진국 시민이라는 긍지와 자부심을 갖는 교양인이 되어 이를 스스로 행동으로 실천할 수 있는 자신만의 정치이데올로기를 국민 개개인이 가져야 정치의 변혁을 기대할 수 있다.

프랑스 정치사상가 루소는 양심의 작용에 의해 정의의 관념이 인간의 심성에 자리 잡게 된다고 보았다. 이 양심은 정의와 자유의 원천이 되었고 결국 인간의 행복과 사회적 도덕으로 인도되었다. 이처럼 양심에 의한 정의가 있는 인간은 자신과 가정을 사랑하게 되고 더 나아가 자기가 살고 있는 마을을 사랑하고 조국을 사랑하게 된다고 보았다.

이런 양심에 의한 정의가 소위 리더라고 하는 우리의 지도층 인사들에겐 보이지 않고 자기편애에 집착하여 사리사욕에 너무 혈안이 되어 있다. 더구나 정권을 잡은 후에는 이런 욕심을 버리지 못하고 있는 것이 더 안타까운 일이다. 그러다 보니 민주화 이후 지금까지 정권을 장악한 세력들은 국민들의 고통에는 아예 관심조차도 없고 오로지 반칙과 특권, 위법과 편법으로 도둑질에 여념이 없는 모습을 보여주었다. 이런 정치행태는 영국의 철학자 홉스가 주장한 만인의 만인에 대한 투쟁 상태보다도 더 타락한 상태에 빠져 있음을 의미한다.

루소가 지적했듯이, 학문과 예술이 오히려 시민의 도덕성을 타락시키고 예절을 통해 인간의 본성과는 다른 나쁜 습관을 가르쳐 궁극적으로는 위법과 편법으로 시민의 자유와 기회균등, 과정의 공정을 빼앗음으로서 오히려 시민을 탄압하는 도구로 전락했다고 하면서 양심에 의한 정의를 주장했던 루소의 주장이 오늘의 우리에게 많은 설득력을 주는 이유다.

더구나 현재 우리가 살고 있는 이 땅에서 일어나고 있는 각종 불법 부정과 부조리 부패의 원인이 되고 있는 각종 반칙과 특권, 부정한 위법과 불공정한 편법 행위는 인간의 본성과 관련된 자유와 평등, 이성과 합리라는 이념들이 가지는 가치에 대해 그 한계성과 그에 따른 변화에 보다 본질적인 회의를 갖지 않을 수 없게 되었다는 것을 의미한다. 이와 같은 한계와 회의에 대해 복지제도가 어느 정도 문제를 해결해 주고 인간 본성을 되찾아 줄 것으로 기대를 했지만 이러한 기대와는 달리 점점 우리 사회와 세계는 양심이 없는 불행한 세상이 되어가고 있다.

이제 우리는 이러한 위기를 극복하기 위해 행복한 삶이 중심이 되는 새로운 정치이데올로기 신념체계를 만들어야 한다. 정치철학과 국가와 사회공동체의 관계, 정치사상과 개인의 관계에서 어떻게 더 나은 세상을 만들 것인가와 어떤 동력이 더 중요한지 그리고 설명의 타당성을 어떻게 확보할 것인지에 초점을 맞추고 진정으로 행복을 찾을 수 있는 새로운 가치의 정치이데올로기의 철학과 사상을 바로 세워야 한다.

우리는 새로운 가치의 정치이데올로기의 신념체계를 세우기 위해 이를 동서양의 가치들에서 찾아야 하고 이들 가치를 중심으로 새로운 정치이데올로기의 신념체계를 바로 세워야 우리도 진정한 선진국이 될 수 있다.

자연과 사람이 하나라는 동양의 가치는 인류의 삶과 자연과의 조화를 통해 행복을 찾았다. 인과 덕은 사랑과 포용이라는 인간중심의 가치로 군자의 길을, 서구의 가치인 자유와 이성과 합리, 양심에 의한 정의 등의 가치를 중심으로 새로운 정치이데올로기의 신념체계를 만들어야 한다. 이들 가치들은 애정과 책임성 그리고 희생을 모두 포용하고 있다.

이처럼 양심에 의한 정의를 실천하고 인과 덕에 의한 사랑과 포용이 살아 숨 쉬고 조화와 행복을 최고의 가치로 삶을 실천하는 정치이데올로기만이 새로운 정치이데올로기가 될 수 있다. 이것만이 바로 불법과 부정, 부조리 부패 없는 사회와 국가를 만들 수 있다. 이러한 정치이데올로기를 우리의 마음가짐의 중심에 세우고 행동으로 실천하는 것은 자신이 믿고 있는 기존의 신앙이나 철학, 도덕적 가치관을 확장하면 얼마든지 가능할 것이다. 이렇게 되면 우리는 새로운 가치의 정치이데올로기의 신념체계를 재창조 할 수 있고 더 나아가 오늘의 이 불행을 극복할 수 있다.

이제 우리는 타락한 이 세상을 확 바꾸어 양심에 의한 정의가 살아 있고 사랑과 포용이 넘치고 조화와 행복을 최고의 삶의 가치로 삼아 이를 실천하는 우리만의 정치이데올로기의 신념체계를 재창조해야 한다. 이것만이 다가올 미래에 대한 새로운 길이 되고 진정한 삶의 행복을 추구하는 길이 될 것이다.

이를 위한 구체적인 변혁운동의 추진 방안은 먼저 교양 있는 사람을 만드는 일이 무엇보다 시급하다. 이 일이 필요한 이유는 삶의 현장에서 양심에 의한 정의의 선행은 별로 보이지 않고 오직 자신의 이익만을 앞세우는 반칙과 특권, 위법과 편법 행위라는 교양이 없는 행동으로 인해 우리 스스로 불행의 원인을 만들고 있다는 점이다. 정의 보다는 불의가 판을 치고 있고 사랑은 사라지고 미움만 커지고 있고 겸손과 미덕은 아예 보이지 않고 오만과 독선 등이 판을 치고 있다. 자부심과 긍지도 없고 수치심도 모르고 수탈과 배제만을 앞세우는 세상에 살고 있다.

이제 우리는 양심에 의한 정의를 실천하고 인과 덕으로 상대방에게 사랑과 포용을 보이고 조화와 행복이라는 삶의 최고의 가치를 실천하는 우리 나름대로의 정치이데올로기를 분명히 갖고 살아야 한다. 이 세상 우리 모두가 함께 불행을 극복하고 행복한 삶을 살 수 있는 세상을 만드는 변혁운동에 우리 모두가 함께 참여하고 다짐을 해야 한다. 이 희망의 다짐에는 먼저 우리 스스로 과거에 대한 철저한 성찰이 있어야 하고, 이러한 성찰이 있어야 자신을 반성할 수 있고 불행의 원인을 파악할 수 있다. 그리하여 마음가짐의 중심에 양심에 의한 정의, 인과 덕에 의한 사랑과 포용, 조화와 행복이라는 가치를 삶의 중심축에 우뚝 세워야 한다. 이 이데올로기의 변혁운동만이 우리를 건강하게 바로 세울 수 있다.

이러한 이데올로기를 우리 스스로 우리들 마음가짐 중심축에 세우고 나면, 항상 마음이 맑아지고 밝은 눈빛으로 사물을 바라 볼 수 있게 될 것이다. 그렇지만 다른 한편 인간이기 때문에 겪어야 하는 치열한 삶의 현장에서 발생하는 탐욕과 집착, 또 순수한 감성이나 원대한 꿈에 부풀어 일어나는 뜨거운 열정 등과 충돌을 하면 갈등이 일어날 수도 있다. 그러나 이 이데올로기를 우리의 마음가짐의 중심에 세우면 우리는 매사에 집중된 강한 의지를 유지할 수 있고 삶의 목표를 바르게 실천해 나갈 수 있다.

나는 이 소중한 가치를 삶의 가장 역동적이었던 젊은 시절에는 마음가짐의 한 가운데 우뚝 세워놓지 못하고 어느 순간엔가 잠깐 치워버렸다는 점이다. 이것은 내 스스로 삶을 살아오면서 허상만을 쫓으면서 삶을 살아 왔고, 진지가 아닌 무지의 세계에 빠져 허우적거리고 있었다는 것을 의미한다. 자신의 갈 길을 찾지 못하고 자신을 제대로 성찰하지 못하고 있었다는 것이다. 즉, 이 소중한 가치들을 젊은 시절에는 잊어버리고 살아온 것이다. 결국 많은 시간이 지난 후에야 나는 이것을 알았고 이것을 안 이후 무척 부끄러워했고 후회하기도 했다.

그래서 나는 이 소중한 가치들을 중심으로 변혁운동을 추진해야 한다는 마음을 전하고 싶었다. 양심에 의한 정의를 실천하고, 인과 덕에 의한 사랑과 포용, 조화와 행복이라는 삶의 가치를 자신의 마음가짐 중심축에 세워놓고 영원히 살아가는 사람이 진정으로 사람답게 사는 올바른 삶의 자세라는 것이다. 이것만이 불법과 부정, 부조리 부패와 타협하지 않는 참되고 행복한 삶의 자세가 될 수 있기 때문이다. 즉, 인간은 모두 선하게 태어났지만 사회에서 타락을 막을 수 있는 유일한 길은 이 변혁운동이다.

따라서 이 변혁운동을 지속적으로 추진을 할 경우, 평생 삶을 살아가면서 마음가짐의 중심축에 자신의 이데올로기를 영원히 세워놓고 살아갈 수 있고, 이러한 신념만 가지면 우리는 언제나 교양 있는 삶을 살 수 있고 젊게 살아갈 수 있다. 그러나 이러한 마음가짐이 없으면, 아무리 좋은 꿈을 갖고 노력을 해도 성공할 수 없다. 그리고 정의로운 길을 걸어 갈 수도 없다. 결국 이것이 없으면 현실로 돌아올 기회마저도 영원히 잃게 된다는 것을 의미한다.

삶에 있어 이 변혁운동을 영원히 유지하는 것은 바로 지나가는 바람과 같은 삶을 영원히 멈출 수 있다는 것이다. 이것만이 아무리 어둡고 어려운 상황 하에서도 불법과 부정, 부조리 부패와 타협하지 않고 사람답게 사는 행복한 삶이 되어 밤하늘에 빛나는 별처럼 영원히 빛날 수 있는 자신의 별자리를 만들 수 있다.

책무와 소명

84년 민주화 운동에 참여하면서 이 당시 내가 꿈꾸었던 세상은 민주화를 통해 민주주의의 가치가 제대로 실현되는 그런 세상이었다. 자유와 민주적인 절차에 따라 기회는 균등하고 과정은 공정하고 결과는 정의로운 세상일 것이다. 그러나 민주화 운동 이후 지금까지 정치 지도자들이 보여준 행태는 이러한 자유와 민주적인 절차를 무시하고 반칙과 특권, 기만과 사기, 위선과 편법으로 민주주의의 가치를 파괴하는 실망스런 모습이었다.

민주화 이후 대한민국 국회라는 제도권에 들어가 일을 하면서 공정하고, 정의롭지 못한 결과에 실망을 하고 정치권을 떠났다. 당시 민주투사들이 민주화를 외친 구호가 정작 자신들에게는 위선과 가식으로 포장된 말이라는 것을 알게 되었다. 더구나 정당에 들어가 활동하면서 공정한 경쟁에서 제거되는 배신을 당했다. 이처럼 정당엘리트 충원과정에서 반칙과 편법에 의해 배신을 당하는 상황을 겪었을 땐 정말 어의가 없었지만 울분을 참을 수밖에 없었다. 이처럼 불공정한 과정을 겪고 보니 편안하고 평탄한 삶을 살지 못했고 굴곡이 심한 불행한 삶을 살아 올 수밖에 없었다.

나는 지금 예순의 나이를 넘어섰지만 새로운 꿈을 안고 미래에 대한 희망의 다짐을 하면서 뚜벅뚜벅 나의 길을 걸어가고 있다. 이 길이 지금까지 내가 살아 온 길 보다 더 어렵고 험난한 길이라고 해도 나는 이 길을 걸어 갈 수밖에 없다는 신념 하나로 삶을 살고 있다. 나에게 주어진 이러한 나의 이 길이 운명이고 태어난 팔자라고 생각하지 않는다. 내가 걸어 온 이 길이 고난의 가시밭길 이었고 성공하지 못하고 출세하지 못한 길이었지만 나는 또 당당하게 나의 길을 찾아 걸어 갈 수밖에 없다. 꿈만 꾸고 신념만 갖고 실천하지 않는다면 그 꿈은 이뤄질 수 없는 것처럼 나는 이 꿈을 성공하기 위해 내 삶이 다하는 순간까지 나의 모든 노력을 다할 것이다. 내가 선택한 이 변혁운동의 길은 진정한 행복을 누리는 참된 삶의 길이다.

인간에게 있어 행복을 누리는 참된 삶의 길은 무엇일까? 삶을 살아가면서 인간은 정치와 무관할 수 없지만 나의 삶에서 행복을 실천하는 길이 무엇일까? 이런 의미에서 우리 모두의 행복은 어디에서 찾아야 할까? 이 화두에 대한 대답은 우리 마음가짐에 자리 잡고 있는 올바른 정치이데올로기 신념에서 찾아야 한다. 즉, 우리의 행복은 올바른 정치이데올로기의 신념에 의해 좌우되기 때문이다.

이처럼 올바른 정치이데올로기의 신념이 행복의 원천이 된다. 정치 현실을 보더라도 정치지도자는 분명히 자신의 정치이데올로기의 신념을 갖고 있어야 한다. 대통령이 되었으나 올바른 정치이데올로기의 신념이 분명하지 않으면, 헌법과 법률을 위반하게 되고 그 결과 탄핵과 형사 벌을 받을 수 있다. 또 이 이데올로기의 신념이 없으면 정치리더십 결핍을 초래할 수 있고 결국 조직 내부의 분열과 파멸을 초래할 수밖에 없다.

조직내부에서 흘러나온 제보가 언론을 통해 드러난 국정농단 사건은 결국 시민들의 촛불과 언론의 힘에 의해 대통령이 탄핵 파면되고 구속되었다. 이러한 탄핵과 구속이 헌법과 법률이 정한 적법한 절차를 걸쳐 공정하게 법치가 실현되었는지는 다시 평가를 하겠지만 보다 더 중요한 것은 대통령의 통치행위가 양심에 의한 정의를 실천했는지의 여부, 인과 덕에 의한 사랑과 포용의 정치를 했는지의 여부, 조화와 행복을 위한 정치이데올로기의 신념을 제대로 실행했는지 등을 갖고 판단을 해야 한다. 어쨌든 대통령 탄핵과 구속은 이러한 정치이데올로기의 신념이 결핍된 정치지도자의 리더십 부재에서 초래한 불행한 사건임에 틀림없다.

이렇게 재임 중에 대통령이 구속되고, 재임 후 전직 대통령이 구속되는 사건들을 보면서 현직 대통령의 재임 후 구속을 걱정을 해야 하는 상황들을 예단하면서 정치이데올로기의 가치와 정치의 목적이 무엇이고, 무엇을 위해 정치를 하고 어떻게 정치를 해야 하는 것인지 묻지 않을 수 없고, 정치지도자들이 왜 지혜로운 정치를 하지 못하는 것인지, 정치의 후진성은 그 원인이 어디에 있는지, 또 민주화 이후 우리에겐 어떤 정치이데올로기가 필요한 것인지, 이런 문제들을 제기하는 것도 의미 있는 일이 될 것이다.

국민이 정치를 걱정해야 하는 오늘의 정치 행태를 보면서 우리 국민들은 정치를 어떻게 생각하고 있을까. 특히, 정권을 장악한 대통령이 정당 민주주의의 핵심이라고 하는 국회의원 및 지방자치 공직후보자 선출과정에 비밀스럽게 관여하여 이들 공직후보자를 자기편만의 사람으로 결정하는 행위는 도둑놈이 도둑질하는 행위와 별다를 바 없다. 이것은 정당 민주주의를 정면으로 파괴하는 비민주적인 불공정 통치행위이고 포용과 조화의 정치리더십을 포기한 독재이고 반칙과 특권, 위법과 편법의 정치행위다. 이런 도둑질 행위는 결국 그 원인으로 인해 정권의 몰락이라는 결과를 가져올 수밖에 없다.

이렇게 불법 부정과 부조리 부패가 단절되지 못하고 지속적으로 일어나고 있는 근본적인 원인은 바로 정치지도자가 올바른 정치이데올로기의 신념도 없이 정치를 하기 때문이다. 이런 지도자로부터 공천을 받은 정치인들도 국익과 국민의 권익을 위해 일한다고 하면서도 자신에게 공천을 준 정치지도자의 눈치만 보고 자신들의 사익과 당리당략만을 챙기기에만 혈안이 되어 싸우는 모습을 통해 잘 알 수 있다.

이 정치이데올로기의 신념의 문제는 정치인이면 반드시 가져야 할 정치가치관의 문제이다. 그러므로 정치를 하는 사람들은 과거 정치에 대한 진정한 성찰을 해야 하고, 또 자신들이 추진하는 정책에 대해 분명한 신념과 국민을 위한 진정성을 갖고 희망의 다짐을 해야 한다. 이처럼 분명한 정치이데올로기의 신념이 있으면 무엇이 국익을 위하고 어떤 것이 국민의 권익을 위한 정치인지 쉽게 알 수 있다.

이처럼 우리의 정치가 후진성을 극복하지 못하고 있는 것은 바로 민주주의의 가장 기본이라는 법치주의와 자유경쟁이 실종되고 있는 반면 반칙과 특권, 위법과 편법으로 인한 양심이 없는 행위로 인해 그 결과는 정의롭지 모한 세상이 되어가고 있다. 내가 독차지 해야 한다는 생각에 빠져 사랑과 포용이 없고, 보수와 진보라는 낡은 이념에 빠져 타협과 조화도 없고 공익과 사익을 구분하지 못하는 위선과 가식, 기만과 사기에 의한 무책임의 정치, 국가와 국민에 대한 충성보다는 권력을 사유화하여 도둑질 하는데 혈안이 되어버린 자기편애의 정치에 빠져있다. 이것은 바로 정치의 최고 가치가 국민의 행복에 있다는 것을 제대로 이해하지 못하고 정치를 하고 있음을 의미한다.

　　이와 같이 우리의 후진적인 정치는 인간의 본성과 관련된 정치 신념의 문제와 더불어 낡은 정치 구조체계에도 그 원인이 있다. 모든 권력이 대통령 1인에 집중되어 있는 5년 단임의 대통령제는 민주정치의 가장 큰 폐해가 되고 있다. 이 대통령제는 책임정치가 전혀 실행되지 못하는 구조적인 한계가 이미 드러났다. 이것은 진정한 민주정치를 실행하는 걸림돌이 되고 있다. 권력이 대통령에게 집중되어 있기 때문에 정경유착은 자연스럽게 양산하고 있다. 즉, 불법과 부정, 부조리 부패의 정치를 대통령 스스로가 만들어 내고 있다.

여기에다 사법부와 검찰, 행정 관료집단도 삼권분립이라는 견제와 감시는 없고 정권의 권력 앞에 눈치만 보면서 처신하는 행위로 인해 양심에 의한 법치와 행정은 없어 보인다. 이처럼 정당한 공권력은 보이지 않고 자신들의 기득권만을 움켜쥐고 군림하고 있다. 더욱 안타까운 것은 이들 공권력들이 국민의 봉사자라는 사실을 망각하고 있다는 점이다. 국민을 위해 충성을 해야 할 공직자들이 국민의 편에서 점점 멀어지고 있어 정말 너무나 안타까운 일이 아닐 수 없다.

요람에서부터 무덤까지 인생의 삶이 모두 정치와 무관할 수 없고, 삶 그 자체가 정치이고 정치가 바로 삶이듯이, 우리의 공직자들은 자신의 위치에서 국민의 삶을 위한 행복과 직결된 법과 제도를 만들고, 양심에 따라 정의롭게 집행해야 한다. 그리고 국가와 국민에 대한 무거운 책임감을 갖고 봉사할 수 있어야 한다.

이제 우리가 선진국이 되고 한반도 통일을 이룩하기 위해서는 그 무엇보다도 국민 누구나가 납득할 수 있고 국민에게 희망과 용기를 줄 수 있는 올바른 정치를 해야 한다. 이것은 정치의 가장 본질적인 문제이다. 그리고 이러한 정치는 양심에 따른 정의, 인과 덕에 의한 사랑과 포용, 조화와 행복을 최고의 정치가치로 삼아야한다. 이 정치이데올로기의 신념체계를 제대로 실천하는 운동을 우리 모두 함께 추진해야 하는 이유다.

더구나 5. 18민주화운동 이후 40여년이 지난 지금 대한민국의 민주주의는 확고하게 뿌리내리지 못하고 있고 오히려 후퇴하고 있다. 민주화 운동을 함께 추진했던 민주화 운동의 정치 지도자들이 민주화 운동 이후 분열하면서 결국 민주주의를 후퇴시키는 단초를 제공했다. 어쩌면 이러한 정치행태 때문에 오늘의 이 불행한 사태는 이미 예고가 되어 있었는지도 모른다.

이들 민주투사 정치지도자들이 국가의 미래를 위한 정치에는 관심이 없었고 오직 정권욕에만 혈안이 되어 있었고 정권을 잡은 뒤에는 자신들의 이권 챙기기에 너무나 정신이 없었다. 또 이들은 지역 패권주의에 안주하고 줄 세우기를 통해 그들만의 정치를 했고, 당리당략에 따라 입법권의 남용만을 일삼았다. 더구나 실망스러운 것은 계파 패권주의에 함몰되어 자신들만의 정치에 혈안이 되어 자신들만을 위한 정치를 했다는 점이다.

더구나 민주투사의 핵심세력인 소위 운동권 출신 좌파세력들은 자신들의 편향된 정치이데올로기에 너무 함몰되어 양심에 의한 정의, 사랑과 포용, 조화와 행복의 정치를 보여주지 못했다. 더구나 이들 세력들은 평화통일이라는 미명아래 북한정권에 대한 포용정책의 추진이 장기적인 한반도 통일에는 도움이 된다고 주장했지만 오히려 그 결과는 오늘의 한반도가 핵전쟁 위협이라는 위기상황에 놓인 사실은 어떻게 설명할 수 있을까.

특히, 이들 민주화 세력들은 사회 갈등을 극복하고 민주주의를 완성하고 한반도 통일을 만들기 위해 헌법과 법률을 바로 세우고 법질서를 제대로 지키고 국익과 국민을 위한 정치를 제대로 제시하지 못했고 국민의 삶을 위한 정책대안마저도 제대로 시행하지 못했다. 지금도 그 연장선상에 있다. 그리고 이들 운동권 출신 민주세력들은 서로 보수와 진보라는 틀에 얽매여 너무나 무지스럽고 독선적인 정치만을 하고 있다. 진지가 아닌 무지의 낡은 이념의 틀에 갇혀 오직 자신들만 선하고 상대는 악하다는 자기편애의 시각에 안주하면서 위선과 가식으로 사랑과 포용성이 없는 정치를 하고 있다. 그리고 선거 때만 되면 지역 차별을 내세워 지역감정을 더욱 고착화시켰다.

이처럼 민주화 이후의 정치과정에서 어느 누구도 용기 있게 나서서 진정으로 지역감정을 치유하고 민주주의를 성숙하게 할 수 있는 제대로 된 정치를 제시하지 못했고 실천하지 못했다. 그리하여 낡은 정치체계를 변혁하지 못했다. 결국 이러한 정치의 후진성은 촛불이라는 시민운동을 태동했고 헌정사에 오점이라고 할 수 있는 대통령 탄핵과 파면, 구속이라는 결과를 가져왔다. 자신만의 정치철학과 시대적인 책임감과 소명의식이 있었다면 부족한 정치적 리더십을 보완할 수 있었을 것이다.

더구나 정치이데올로기 결핍으로 인해 우리의 경제는 시장경제 논리보다는 국가가 간섭하는 규모경제 논리가 우선하고 있다. 제도를 바꾸고 혁신을 통해 정경유착을 근절한다고 하지만 비민주적인 정치경제구조의 틀 속에서 경제가 유지되고 있다. 소득주도 성장과 혁신성장이라는 경제정책은 작은 정부가 아닌 큰 정부로 가고 있고, 소수의 부자와 다수의 빈자로 인한 양극화는 더욱 심화되고 있다. 국가와 공기업의 부채는 눈덩이처럼 불어나 국가의 재정 상태와 공기업의 재무구조가 아주 심각한 상황에 놓여 있다. 가계부채의 증가도 경제위기 상황을 불러 올 정도로 위험한 수준이다. 특히 성장과 복지가 조화를 이루지 못하고 있고, 정규직과 비정규직이 상생하려 하지 않고 청년실업은 점점 더 늘어나고 있어 심각한 실정이다.

정부가 경제를 살리고 고용을 증가시키기 위해 추진하고 있는 소득주도의 성장과 혁신 성장을 지속적으로 추진을 한다고 하지만 정부는 시장개입에 너무 집중하고 있는 것처럼 보인다. 이러한 정부정책의 추진이 소득을 증대시켜 소비를 증가시키고 증가된 소비는 생산을 증가시켜 고용을 증대시킨다고 하지만 이러한 경제성장과 분배는 결국 국민의 부담만 가중시킬 것이다.

이제 정부가 우선적으로 해야 할 책무와 소명은 작은 정부를 운용해야 한다. 즉, 예산을 늘려 큰 정부를 운용할 경우 국가 재정 상태는 멀지 않아 고갈 될 것이 불을 보듯 하지만 미래에 대한 투자 확대를 위한 재정확대 정책과 균형을 맞추어 조화롭게 추진해야 한다. 일자리 창출인 고용의 증가를 위해서는 과감한 규제 완화와 더불어 기업에 활력을 불어 넣어 주어 기업의 투자를 유도하는 정책이 무엇 보다 시급하다. 글로벌화 되어 있는 대기업은 불공정거래의 감독과 문어발 확장을 막되 공정한 기업경쟁은 정부가 지원해야 한다.

북한 정책을 보더라도 대화와 제재이라는 이중적인 북방정책으로 남북 정상회담과 북미 정상회담 등을 통해 평화정책의 추진과 유엔을 통한 대북 무역억제 정책을 추진하고 있지만 한미 간의 공조가 잘 유지되지 않고 있어 북한 핵문제 해결은 점점 더 어려워지고 있다. 대륙세력과 해양세력의 틈바구니에 처해 있는 우리의 지정학적인 위치의 한계를 극복하기 위해서는 지혜로운 대북정책이 필요하다. 대복정책 기조의 핵심은 한미일 간의 공조에서 찾아야 하지만 중국과 소련을 소외시키지 않는 지혜로운 전략이 있어야 한다. 더구나 중국의 북한에 대한 미온적인 대처로 인해 북한핵문제는 점점 더 어려워지고 있기 때문에 국가안보를 튼튼히 하고 한반도 통일을 앞당기기 위해서는 중국과 소련에 한반도 비핵화 문제를 보다 강도 높게 설득을 하면서 한미일 동맹을 강화하는 양동정책 외에는 방법이 없어 보인다. 최근 남북한 간의 평화 무드가 향후 어떤 방향으로 흘러갈지 지켜봐야 할 일이지만 국민의 지혜를 모아 대처방안을 마련해야 할 시점이다.

따라서 대한민국이 처하고 있는 오늘의 이 위기상황은 이미 오래전부터 예견된 상황이었다. 이 위기상황을 극복하기 위해서는 선진국 진입과 통일에 대비하기 위해 헌법 개정과 정치관계법 개정을 시급히 추진해야 한다. 이와 더불어 이제 젊은 세대 여러분이 선진 대한민국을 만들고 한반도 통일을 이루는 일에 앞장서야 한다. 이와 같은 일은 이제는 정치 지도자나 정치인들의 몫만이 아니라 젊은 세대 여러분의 몫이다.

이처럼 젊은 세대 여러분에게 주어진 이 역사적인 책무와 시대적인 소명을 실천하는 길은 여러분이 있는 자리에서 변혁운동을 시작해야 한다. 이렇게 여러분 앞에 주어진 변혁운동의 과제를 시작하는 길은 바로 자신이 속한 삶의 현장에서는 젊은 세대 여러분이 바로 주인이라는 신념만 가지면 가능한 일이다. 이렇게 마음가짐 속에 신념을 갖고 변혁운동을 주도하는 일이 법과 기본질서를 지키는 일이고 민주주의를 실천하고 공정한 시장경제를 만드는 일이 될 것입니다. 그리하여 양심에 의한 정의가 살아 숨 쉬고 인과 덕에 의한 사랑과 포용이 넘치고 자연과 인간이 조화를 이루는 행복한 삶이 실현되고 성장과 복지가 균형을 이루는 선진 국가를 만들 수 있다. 즉, 사람이 사람답게 사는 세상을 바꾸는 변혁운동에 젊은 세대가 앞장서야 한다.

이것이 바로 선진국을 만들고 한반도의 통일을 앞당기는 일이며 팔천만 한민족이 함께 잘 사는 세상을 만드는 일이다. 이렇게 선진국을 완성하는 것이 지금 이 시대 젊은 세대 여러분에게 부여된 역사적인 책무이며 시대적인 소명이다. 이러한 책무와 소명의식은 우리 모두 이심전심일 것이다.

성
균
관

고려 말부터 최고의 교육기관이었던 성균관은 유학을 중심으로 인재를 양성하던 곳이고, 바로 군자의 길을 지향했던 선비들이 수양을 했던 역사적인 곳이다. 이처럼 성균관은 유학이라는 학문을 가르쳤던 교육기관이었다. 이처럼 조선의 역사를 통해 볼 때, 유교는 당시 지배계층의 정치이데올로기로는 안성맞춤이었는지 모르지만 백성들의 입장에서 볼 때에는 양반이라는 지배계급이 평민과 노비 계층을 상대로 수탈과 억압의 수단으로 삼은 정치이데올로기에 불과했다. 더구나 조선은 임진왜란과 병자호란이라는 역사적인 치욕을 겪고도 우물 안의 개구리처럼 당시 세계사적인 사조의 흐름을 이해하지 못했고 또 이러한 시대적인 변화에 제대로 대응하지 못해 결국 망국이라는 역사의 아픔을 겪었다.

당시 성균관이라는 최고의 교육기관이 눈을 밖으로 돌려 세계 사적인 사조의 흐름에 맞추어 각국과의 학문적인 교류를 활발히 하면서 유교를 비롯한 동양철학 사상과 서양철학 사상을 비교 연구하고 이를 변증법적으로 확대 발전시키지 못했다. 당시 최고의 교육기관이 앞장서서 이러한 역사의 흐름과 세계 사조의 변화를 받아드리고 이를 국민의 실생활에 적용하여 삶을 행복하게 하는 새로운 신념체계와 신학문을 재창조하여 인재를 양성하는 교육을 실시하지 못한 것은 안타까운 일이다.

성균관이 동서양의 철학과 사상을 비교 연구하고 이를 변증법적으로 발전시켜 실행하는 교육기관이 되었더라면 조선의 역사는 분명 달라졌을 것이다. 역사에서 가정은 없지만 지금이라도 우리의 교육기관들은 이러한 글로벌 교육을 실행하는 교육기관으로 교육변혁을 해야 한다. 이것이 선진국으로 가는 우리의 새로운 교육의 길을 만드는 것이다.

내가 이런 생각을 하게 되었던 1981년 봄 성균관대학교 캠퍼스는 전두환 군사정권에 항의하는 학생들의 민주화 운동이 시작되고 있었다. 이러한 학생들의 반독재 투쟁은 다른 서울지역의 주요

대학에서도 있었다. 캠퍼스에는 맑은 공기보다는 체루가스로 가득 차는 날이 많아지기 시작했다. 학생보다 더 많은 사복경찰들이 교정을 장악하고 있어 활기차고 낭만적이어야 할 캠퍼스 분위기는 암울한 상황이었다.

이 당시 학원에 대한 군사정권의 과잉진압과 감시는 시간이 흐를수록 더욱 심했다. 하지만 나는 이렇게 억압된 분위기 속에서도 가급적 수업은 착실히 들었다. 수업이 끝나면 같은 정치외교학과 학우들과 가끔 대화를 나누었고 저녁이 되면 소주잔을 기울이면서 이 당시의 정국을 많이 걱정하기도 했지만 대부분의 시간을 도서관에서 보냈다. 배움에 목이 말라 있었고 모르는 것이 너무 많았다.

이렇게 시작한 나의 대학 생활은 성균관이라는 최고의 교육기관에 대한 회의와 의심을 나에게 던져주었던 반면, 정치학이라는 학문을 비롯한 사회과학 분야의 강의와 책을 통해 나에게 부푼 희망과 용기를 안겨주기도 한 시기였다. 또 다른 한편 군사정권의 억압과 탄압에 대한 원망과 분노가 늘 마음속 깊이 가득 찬 때이기도 하다. 특히, 당시 시대 상황은 정의와 민주주의는 어디론가 사라졌고 자유와 인권은 처참히 짓밟혀 흔적을 찾아 볼 수도 없었다. 이러한 시대적인 상황에 나는 자연스럽게 현실 정치에 많은 관심을 갖지 않을 수 없었다. 암담한 정치 현실에 대해 장차 무엇을 어떻게 해야 할 것인지 고민을 하지 않을 수 없었다.

당시 군사독재정권하에서 교수님들의 정치학 강의는 마치 우리의 현실 정치에는 아무런 관심도 없는 것처럼 강의를 했다. 더구나 이런 분위기에서 군사정권에 대한 비판은 더더욱 상상조차 할 수 없었다. 강의실에는 정보기관의 기관원들이 청강을 하면서 감시를 하고 있었다. 이렇게 학원을 탄압하는 상황에서 교수들의 정치학 수업은 오직 정치학 이론과 정치철학, 각국의 비교정치와 외교사 등을 가르칠 뿐 우리의 현실 정치와 연계하여 강의를 하거나 이를 비교 분석하여 가르치는 교수는 없었다.

하지만 나는 정치학이라는 학문을 시작했다는 사실에 내 스스로 많은 긍지와 자부심을 갖고 있었다. 우리의 정치 현실과 정치학이라는 학문 사이에서 오는 괴리감과 실망감 때문이 나는 많은 번민을 했고 방황을 하면서도 이를 극복하기 위한 돌파구를 찾기 위해 노력을 해 보았지만 이 두 개의 간격에서 오는 괴리감과 실망감을 극복하는 것은 정말 어려웠다. 무엇을 공부하고 어떻게 공부하는 것이 진정한 공부인지. 또 정치학을 배우는 목적이 과연 무엇인지, 내 스스로 깊은 번민과 고민을 하지 않을 수 없었다.

전공과목만으로는 현실 정치와 정치학이라는 간격에서 오는 괴리감과 실망감을 극복할 수 없었다. 정치학이라는 학문만으로는 정치 현실을 이해하기에는 너무나 엄청나게 부족하다는 것을 이 때 느꼈다. 더구나 정치사상이라는 학문도 시작 단계에 불과해 우둔한 머리로는 집중이 잘 되지 않아 나의 이런 허탈한 마음을 메워주기에는 너무나 부족했다.

특히, 당시에는 정치학이라는 학문에 대한 기대감도 컸지만 다른 한편 정치학이라는 학문에 대한 욕심이 너무나 성급했던 것도 부인할 수 없었다. 더구나 현실 정치와 정치학의 간격에서 오는 모순으로 나는 정치학에 대해 회의를 느꼈고, 이것이 나를 더더욱 깊은 수렁으로 빠지게 하였고 결국 방황하게 만들었다. 이 당시 나는 정치학을 제대로 배워야 한다는 목마름의 갈증을 해갈해 줄 것이 무엇인지 찾지 않을 수 없었다. 이런 번민과 고뇌 끝에 나는 정치학을 공부하는 것 외에 다른 사회과학이면서 자본주의의 핵심이라고 하는 경제학과 사회학, 법학 등 인문 사회과학 분야로 폭을 넓혀 공부를 해야겠다는 결론에 도달했다. 이러한 계기로 이들 분야에 자연스럽게 관심을 갖게 되었다.

왜냐하면, 정치학만으로는 우리의 정치 현실을 정확히 이해하고 사회 현상을 제대로 파악하기에는 너무나 부족했다. 결국 이렇게 인문 사회과학과 법학 분야에 많은 관심을 갖게 되었고, 과감하게 이들 과목을 신청해 강의를 들었다. 경제학 학점이 엉망이었지만 졸업할 당시 경제학 부전공 학위를 받을 정도로 많은 시간을 경제학에 할애 했다. 특히, 도서관에서 사회학과 경제학, 법학과 행정학, 심리학과 역사학, 인문학과 종교 등 닥치는 대로 폭을 넓혀가며 책을 읽었다. 그러나 당시 아쉬웠던 점은 자연과학 분야에 대한 공부는 아예 소홀히 할 수밖에 없었다.

이렇게 대학교 4년 동안 다양한 분야에 관심을 갖게 된 근본적인 이유는, 성균관이라는 최고 교육기관에 대한 역사적 회의와 의심에 빠져 정치학과 현실 정치에 대한 실망과 분노에만 매몰되어 있을 수 없었다. 이 당시 내가 정치학 전공을 선택한 단순한 이유는 분단 현실을 극복하고 통일에 대한 막연한 기대와 함께 우리의 정치발전에 기여해야겠다는 소박한 희망의 다짐만 갖고 나의 미래를 걸어가야 한다는 믿음으로 선택했다. 즉, 군사독재정권을 종식하고 민주화를 이룩하는 일, 산업 자본주의 체제 모순을 극복하고 선진 자본주의를 이룩하는 일, 국민의 진정한 삶의 질을 개선하는 정치를 실현하는 일, 한반도 통일을 위해 할 수 일들이 이 당시 내가 생각한 미래에 대한 다짐과 믿음이었다.

무엇보다도 이 당시의 암울한 사회현상을 잘 이해하기 위해서는 전공과목의 공부도 중요 하지만 다양한 분야의 학문을 접하여 사고의 폭을 넓히는 것이 학문을 닦는 첫 걸음이라고 생각했다. 이 것만이 편견과 고정관념을 깨고 지혜를 가진 사람으로 성장하는데 가장 기본이 된다고 생각했다. 이처럼 다양한 학문을 접하게 되면서, 이후 삶을 살아가는 과정을 통해 사회 현상을 정확히 이해할 수 있는 안목을 자연스럽게 갖게 해 주었다는 점이다.

또 이러한 마음가짐의 자세는 언제 어디에서 어떤 일을 하더라도 한 쪽으로 치우치지 않는 사랑과 포용, 조화와 행복의 마음가짐을 항상 유지할 수 있게 해 주었고 매사에 양심을 갖고 정의롭게 노력을 다하다 보면 자신이 성취하고자 하는 일도 반드시 이룰 수 있다고 믿었다.

내가 성균관 생활을 통해 이렇게 느낄 수 있었던 것이 이후 내 삶의 전 과정에 지대한 영향을 주었다는 점이다. 즉, 삶을 살아가는 과정에 올바른 가치관을 갖게 해주었다는 것이다. 이 성균관의 생활이 내 삶의 고비마다 올바른 방향으로 가도록 마음가짐의 중심에 양심에 의한 정의를 분명히 세워주었다는 것이다. 이러한 가치관의 정립 때문에 나는 성균관에서 대학교 생활을 마무리 할 즈음 나는 향후 내 삶의 미래의 방향을 분명히 정할 수 있었다. 그 결과, 나는 평범한 직장을 선택해서 나의 삶을 살아가기보다는 현실 정치에 직접 뛰어 들어 민주화 투쟁에 동참하는 삶의 길을 선택했다.

이 당시 이러한 나의 선택은 자신의 미래에 관한 삶의 방향이 어떻게 살 것인가 보다는 무엇을 해야 할 것인가를 결정토록 해주는 계기가 되었다는 점이다. 이것이 바로 나에게 부여된 책무에 부응하는 것이고 내가 해야 할 소명을 다하는 일이라고 생각했다. 당시 암울한 군사독재정권하에서 민주화 투쟁은 너무나 절박한 시대적 소명이었고 역사적 책무였다. 이러한 시대적 소명과 역사적 책무를 깨닫게 해 준 것이 바로 성균관이었다.

따라서 성균관에서 내가 겪었던 이러한 일들은 이후 나의 삶을 살아오면서 어떠한 불법과 부정, 부조리 부패와 타협하지 않는 분명한 인성을 키워주는 전환점이 되었다. 즉, 마음가짐의 중심에 이 양심의 정의가 있었기 때문에 가능했다. 그리하여 이것은 항상 삶의 좌표가 되었고 항상 꿈을 꾸게 해 준 원동력이 되었지만 글로벌 교육의 기초에는 턱없이 부족했고 근시안적인 교육이었다는 점이다.

내 자신이 아직 성공한 삶을 이루지 못했지만 아직도 꿈을 꾸고 있는 것은 글로벌 인재가 될 수 있도록 교육변혁운동이 전개되어야 한다는 점이다. 이처럼 젊은 세대 여러분에게 나의 마음을 알리고 싶었던 이유도 바로 삶의 목표는 너무 작거나 가까이 있는 것으로 삼지 말고 크고 넓으며 멀리 잡아야 성공할 확률이 그만큼 커

진다는 것이다. 이렇게 목표를 잡아야 마음의 준비를 체계적으로 할 수 있고 여유와 능력이 생기고 조급함을 덜어 낼 수 있어 목표를 달성할 수 있다는 것이다.

중국의 맹자도 하늘이 사명을 맡길 때, 먼저 그 마음을 괴롭게 하고 뼈가 부서지는 고통을 당하게 하며, 몸을 굶주리게 하고 생활을 빈궁에 빠트려 하는 일마나 어지럽게 하는데 이 것은 참을성을 길러주어 모든 것을 감당할 수 있게 하기 위함이다. 라고 주장한 것만 봐도 인생의 목표를 멀리 잡아야 성공할 수 있음을 강조하고 있다.

그러므로 각자 개인은 자신의 삶의 목표를 향해 나아가지만 자신이 처한 위치에서 다양한 학문과 지식의 폭을 넓혀 가는 마음가짐의 자세야말로 또 다른 삶의 즐거움이고 행복이 아닐까. 항상 이러한 마음가짐을 갖고 삶을 살아가는 자세는 나이와 직위, 재산과 직업과는 관계없이 긴 삶의 여정에 스스로 행복을 만들어 가는 근본이라고 나는 확신한다. 삶의 길이 멀고도 험하기도 하지만 인생은 너무나 짧다는 점이다. 특히, 우리 모두는 이 양심에 의한 정의의 마음가짐을 영원히 붙잡고 가야 하는 것이 지혜로운 삶이고 조화로운 행복한 삶이다.

80년 5월 18일 광주에서 민주화운동이 일어났다. 이 운동은 깨어 있는 민중들이 민주사회의 원동력임을 확인 해 준 계기가 되었고 불의를 거부하고 정의를 외친 양심적인 민주화운동의 합법성과 정당성을 확인 해 준 민중운동이었다. 이 민중운동 과정에서 민중항쟁을 통해 표출 된 자주. 민주. 통일의 정신은 우리의 오랜 전통을 계승한 것이었고, 이것은 우리나라 민주주의 발전사에 불멸의 금자탑을 세운 위대한 민권투쟁이었다.

내가 이 광주민주화운동의 일부분만을 알게 된 것은 84년 대학교 4학년 어느 날이었다. 그 당시 광주항쟁의 정황을 촬영한 비디

오를 통해서다. 이 영상물을 통해 확인할 수 있었던 것은 당시의 정황이 광주시민들에 대한 군인들의 진압작전이 너무나 가혹했고 시민들의 저항 또한 너무나 처절했다. 도저히 상상을 할 수도 없는 장면들이었다. 이러한 정황을 비디오를 통해 본 나는 너무나 큰 충격을 받았다. 당시의 충격으로 인해 절실함을 느낀 것은 군사독재 정권을 하루 빨리 종식시키고 이 땅의 민주화를 추진하는 일이 무엇보다 시급하고 가치 있는 일이라고 생각했다. 결국 이것이 계기가 되어 나는 민주화 투쟁에 참여했다.

이러한 나의 행동에 부모님을 비롯한 가족들이 많은 걱정을 했다. 더구나 나의 앞길이 험난하고 너무나 고통스러운 길이 될 것이라는 것을 누구보다도 잘 알고 있던 아내는 불안한 마음을 감추지 않았다. 그렇지만 나는 이 당시 내 스스로 결정한 민주화 투쟁의 참여는 내가 해야 할 일이고, 반드시 가야 할 길이라고 생각했다. 이 결정은 누구와도 상의도 하지 않았고 내 스스로 결행한 것이었다.

1984년 초겨울 나는 용기를 내어 종로2가 종각 근처에 있던 민주화추진협의회 사무실을 찾았다. 그리고 민주화추진협의회 공동의장을 맡고 있던 김영삼 의장과의 면담을 신청했다. 당시 민주화추진협의회 윤응순 전문위원이 김영삼 의장과의 면담을 주선해 주었다.

　면담은 상도동 자택에서 이루어졌고 이 자리에서 김영삼 의장은 미소 띤 얼굴로 나를 반갑게 맞아 주었다. 김영삼 의장은 나에게 "민주화 투쟁에 이렇게 용기를 내어 참여해 주어 정말 고맙다. 이 민주화 투쟁이 고난의 가시밭길이지만 우리는 반드시 승리 한다"고 말하면서 "이번 12대 총선 선거운동에 적극 참여해 줄 것"을 당부했다. 그리고 총선이 끝나면 자신의 비서로 일하기를 권했다. 이 당시 내가 본 김영삼 의장은 따뜻한 마음과 활달한 성격을 가진 분이었다. 그리고 사랑으로 대하는 시선과 세심한 배려의 태도에 깊은 인상을 받았다.

　이 12대 국회의원 선거 결과, 김영삼. 김대중 두 야당 지도자가 이끄는 신한민주당이 제1야당이 되는 승리를 했다. 이 총선 승리는 이후 민주화 운동의 초석이 되었고, 이와 같은 야당의 승리는 결국 문민정부, 국민의정부, 참여정부를 이어주는 계기가 되었다.

　이 12대 국회의원 총선 승리를 위해 수많은 민주인사와 학생들의 희생이 있었다. 이 승리는 광주민주항쟁에서부터 시작 된 군사독재 정권에 대한 양심적인 국민의 저항운동이었고 민주화를 염원하던 국민의 승리였고 진정한 민주주의의 승리였다. 이 총선 승리로 인해 나는 현실 정치에 자연스럽게 참여하게 되었다. 이후 앞으로 민주화 투쟁이 더 힘차게 전개 될 수밖에 없다는 것도 예감했다. 그리고 광주의 아픔을 하루빨리 극복하고 군사독재를 반드시 종식시켜 민주주의의 시대가 활짝 열리게 될 것이라는 희망도 갖게 해 주었다.

그러나 나의 이러한 희망은 민주화운동의 결과로 쟁취한 직선제 대통령 선거를 앞두고 김대중 의장이 신한민주당을 탈당하고 새로운 정당을 만들면서 민주진영은 분열했다. 이로 인해 민주주의의 실천이라는 희망은 물거품처럼 사라졌고 결국 두 진영의 분열로 인해 군부정권을 연장해 주는 결과를 가져왔다.

이처럼 민주화 운동의 투쟁 결과로 쟁취한 직선제 5년 단임의 대통령제와 소선거구제로의 헌법 개정은 결국 보스 중심의 고질적인 지도자 중심의 패권주의와 지역 정당구조를 고착화시켰다. 이처럼 부마항쟁과 광주민주화운동을 통해 시작된 투쟁에서 민주화를 쟁취했지만 민주화 투쟁의 산물인 5년 단임 대통령제와 소선거구제 때문에 결국 민주주의는 후퇴하고 말았다.

이렇게 민주투사였던 정치인들은 민주화 운동 이후 취한 정치 행태에서 잘 알 수 있듯이, 정권을 장악한 이후에는 자신과 친인척들의 밥그릇 챙기기에 너무나 정신이 없는 도둑놈들이었다는 점이다. 왜 그토록 민주화 운동을 추진했던 민주인사들이 비민주적이고 반도덕적인 정치행태를 유지할 수밖에 없었을까. 이것은 소위 민주인사들의 마음가짐에 양심에 의한 정의와 인과 덕에 의한 사랑과 포용이 없었고 조화와 행복을 삶의 최고의 가치로 인식하는 정치이데올로기의 신념이 없었기 때문이다.

이들 민주화 추진 정치인들은 스스로 자신들이 수신과 제가를 이루었다고 입으로는 떠들었지만 제대로 된 수신과 제가를 보여주는 정치를 하지 못했다. 즉, 민주주의에 대한 분명한 정치이데올로기의 신념을 갖고 있지 않았다. 오직 자신들의 사리사욕을 채우기 위해 철저히 동지들을 이용하기도 하고, 이용한 후에는 동지를 소외시키는 못된 정치행태를 일삼았다. 그리고 자신들 스스로 계파패권주의라는 구조의 틀을 만들어 자기들만의 정치를 했다.

이러한 보스 중심의 패권주의는 정의와 민주라는 위선과 가식의 가면을 쓰고 자신들만의 패거리 이익을 공유 했고, 또 자신들이 저지르고 있는 정치행태에 대해서는 아무런 죄의식이나 부끄러움마저도 느끼지 않는 자기편애와 교만, 독선과 오만에 빠져 정치를 했다. 그리고 이들은 과거 정치인들에 대한 진정한 성찰도 제대로 하지 못했고, 미래에 대한 희망의 다짐도 없었다. 특히, 현재의 위기 상황을 극복하기 위한 창조적이고 합리적인 정책대안도 실천하지도 못했다. 그 결과 우리의 민주주의는 퇴보했고 진정으로 국익과 국민을 위하는 진정한 의미의 민주주의는 아직까지 요원하다.

내가 생각했던 민주투사에 대한 존경심에 대한 기준이 잘못된 것일까. 아니면 민주화를 외쳤던 민주투사들의 가치관이 잘못된 것일까. 정의와 불의, 선과 악, 민주와 반민주 등을 구별만 하는 마음가짐만 있었지 제대로 된 정의와 민주, 사랑과 포용, 조화와 행복이라는 가치의 삶을 실천하는 정치는 민주투사들의 마음가짐에는 없었다. 광주항쟁의 피와 눈물과 정신을 잘 알고 있는 이 땅의 민주투사들의 마음가짐의 중심에는 양심에 따른 정의는 온데간데없고 도둑놈처럼 사리사욕과 패권주의, 금권정치와 줄 세우기만 일삼았다. 양심에 따른 정의가 없는 정치신념, 민주적 리더십이 없다보니 진정한 의미의 정치를 실천하지 못했다. 그리고 이들 정치인들은 무엇을 위해 정치를 하고 있는지도 제대로 알지 못했다. 민주화 투쟁에 앞섰던 정치인들이 광주 민주항쟁에서 보여준 민주화 운동의 정신을 조금이라도 이해하고 실천을 할 마음가짐만 있었다면 이러한 정치행위를 할 수 없다.

민주화 투쟁에 참여했던 많은 젊은이들이 정치권에 입문을 했지만 민주투사라는 정치인들로부터 교묘히 이용을 당했거나 결국 배신의 정치를 경험했다. 결국 이러한 소외와 수모만을 일삼았던 정치행태 때문에 정당에서 정치엘리트 충원기능은 제대로 작동될 수 없었다. 정의와 민주를 가장한 불의와 반민주, 반칙과 소외를 앞세운 배신의 정치, 온갖 술수가 난무해도 정의와 진실은 반드시 승리한다는 것을 일깨워 준 광주 민주화운동의 교훈은 양심을 가진 국민들의 마음 한가운데 영원히 자리 잡고 있다.

이제 광주민주화운동이라는 민권투쟁도 어느덧 40년의 세월이 흘렀다. 그동안 문민정부의 수립과 평화적 수평적 정권교체를 거쳐 지금의 문재인 정부의 출범이 있었지만 아직까지도 5. 18 광주민주화운동을 왜곡하거나 자신들만의 전유물인양 떠들어 대고 있고, 다른 한편인 5공화국 군사정권의 주역들은 5. 18광주민주화운동의 희생자와 역사 앞에 무릎을 꿇고 용서를 구하고 화해를 청하지 않고 있다. 지금이라도 양 진영은 역사와 광주희생자 그리고 국민 앞에 진정한 광주 민주화운동의 교훈이 무엇인지 양심을 갖고 정의롭게 말하고 용서를 구하는 태도를 보여주는 것이 진정한 국민 통합을 이룩하는 일이 아닐까.

그러므로 특히, 전두환 정권의 군부세력들은 진정으로 국민 통합과 화해를 위해 역사와 광주민주화운동의 희생자, 국민 앞에 진정성 있게 말하는 결단을 해야 한다. 특히, 군사반란의 주역들은 얼마 남지 않은 생을 마감하기 전에 반드시 역사와 광주민주화운동 희생자, 국민 앞에 무릎을 꿇고 용서를 구하는 현명한 결단을 하기를 촉구 한다.

광주민주화운동 당시 시민을 향한 발포에 대한 조사를 수차례 하였지만 아직도 이 문제에 대한 논쟁이 진행되고 있고 조사는 마무리 되지 않고 있다. 이런 가운데 전두환 전 대통령의 회고록 내용을 놓고 명예훼손 등 소송이 진행되고 있지만 5. 18 광주항쟁에 대한 실체적 진실은 시간이 걸리더라도 정확히 밝혀져야 하고, 5. 18 광주 민주화운동 유공자의 명단도 국민 앞에 당당히 밝혀야 한다.

전두환 전 대통령을 비롯한 5공화국 세력들은 당시의 사실에 대한 주장이나 변명을 하기 보다는 역사와 광주희생자와 유족, 국민 앞에 당당히 나서 5. 18의 불행한 사태와 관련하여 자신들에게 도덕적인 책임이 있다는 점을 솔직히 인정하고, 깊은 반성과 함께 용서를 구한다는 자세를 보여야 한다. 이것만이 진정한 화해와 국민 통합을 이룩할 수 있고 대한민국의 밝은 미래를 다짐할 수 있다. 이것은 분명 우리 국민들에게 새로운 희망을 주는 역사적인 사건으로 영원히 기록될 것이다. 5공화국 군부세력들은 이렇게 해야 국민으로부터 용서를 받을 수 있고 역사의 재평가를 받을 수 있다.

더욱 안타까운 것은 이와 같은 정치적 제안을 용기 있게 제시하는 정치 지도자가 우리의 정치권에는 왜 보이지 않고 5. 18 민주화운동을 자신들만의 전유물인양 진영 논리로 포장하여 정치적으로 이용하는 행위는 역사를 날조하는 행위와 다를 바가 없다. 5. 18 민주화운동을 계승 승화시키기 위해서도 정치변혁운동이 필요한 이유다. 이러한 생각은 국민 모두 이심전심일 것이다.

정당의 충원

아름다운 한려수도의 중심에 위치한 통영은 어린 시절 나에게 호연지기를 키워 준 곳이었다. 미륵도의 중앙에 천수답 중심으로 이루어진 100여 호의 농가주택이 있고 사방은 산으로 병풍을 두른 듯 화산분화구 형태의 마을이 있다. 이곳이 바로 나의 고향 통영 미륵도의 야소골이다. 미륵도의 해안은 경관이 수려한 어촌과 관광단지로 형성되어 있고, 미륵도를 중심으로 주변 섬들과 함께 연계하여 미륵도관광특구로 지정될 만큼 매년 수많은 관광객이 찾는 곳이다. 이처럼 내가 태어난 통영의 미륵도는 현재 관광업과 해양산업의 중심이고 특히, 수산업은 어획고 전국 1위를 할 만큼 수산업 1번지여서 복합도농어촌관광도시로 성장을 하고 있다. 이런 주변 환경 때문에 농어민의 어려운 실정을 어느 정도 알면서 자랐다.

이런 성장 환경 때문에 우리가 선진국이 되기 위해서는 삼면이 바다인 해양을 잘 이용하여 해양강국이 되어야만 선진국 진입이 가능하다. 해양강국의 형태는 국가의 산업발전과 더불어 해양산업의 핵심인 해양관광산업과 조선업, 해운업을 균형 있게 성장시키고 생명과학과 접목시킨 선진화 된 수산업의 성장이 중심이 되어야 한다는 믿음을 갖고 있었다. 이처럼 해양관련 산업과 지역 특산 농수축산물의 생산 가공 판매 체험관광 등 6차 산업을 연계 발전시켜 주민들의 실질적인 소득을 향상시키는 방향으로 정책이 추진되어야 한다.

그러나 80년대 이후부터 지금까지 내가 본 우리 정부의 해양산업정책과 선진수산정책은 진실로 주민을 위한 정책인지 아니면 정부를 위한 정책인지 납득이 잘 되지 않았다. 잡는 어업에서 기르는 어업으로의 전환을 선택한 수산정책이 어느 정도 납득이 갔지만 해양오염을 근본적으로 해결할 수 있는 해양오염 방지를 위한 정책과 생명과학을 접목시키는 수산과학정책에 정부가 너무나 소극적인 자세로 정책을 추진하고 있다는 점이다. 또한 치어를 무차별로 잡는 불법어업을 방치하고 있어 수산자원을 고갈시키는 주범이 되고 있었음에도 이에 대한 정부의 근본적인 대책은 일관성을 유지하지 못하고 있다. 반면 해운업과 조선업은 정부의 중공업정책의 육성으로 양적 성장만을 앞세웠지 질적 성장을 전혀 추진을 하지 않다 보니 국제 경쟁력에서 밀려 파산 위기에 처해 있다. 특히, 통영의 중소조선업은 회생의 기미마저 보이지 않고 있다. 그리고 정부의 해양관광산업도 걸음마 단계를 벗어나지 못하고 있다.

나는 젊은 시절 해양강국이라는 꿈을 실현하는 일에 참여하기 위해 1988년 7월 한겨레신문에 공고한 통일민주당 전문위원 공채 광고를 보고 통일민주당 전문위원 시험에 응시했다. 농. 수산 분야를 중심으로 정부정책의 문제점과 발전방안에 대해 정리를 하고 시험을 치렀다. 합격자 발표 날이 되었다. 그런데 전문위원 합격자 명단에 나의 이름은 보이지 않았다. 어찌된 일인지 나는 국회의원 보좌관 추천명단에 들어가 있었다. 당시 당직자가 나에게 미리 확인해 준 사실은 면접 점수가 만점이었기 때문에 수석으로 합격을 할 것이라고 했는데 합격자 명단에 나의 이름은 없었다. 정말 납득이 잘 가지 않았다. 이 날 나는 당 정책실장으로부터 당사에서 만나자는 연락을 받았고 그를 만났다. 그는 어떤 사람의 사주를 받았는지 전문위원 합격자 명단에서 국회의원 보좌관 명단에 내 이름을 바꿔놓은 장본인이었다. 이런 불법적이고 편법적인 행동을 하고도 뻔뻔스럽게 나를 모 국회의원 보좌관으로 추천을 해주겠다고 했지만 나는 거절했다.

이 당시 내가 이렇게 정당의 충원과정에서 철저히 배척된 이유는 누군가가 당 정책의장에게 외압을 행사하여 나를 탈락하도록 했고 이러한 정책의장의 지시에 따라 정책실장이 정책전문위원 명단에서 나를 제외시키고 대신 국회의원 보좌관 추천 명단에 편법으로 이름을 옮겨놓았던 것이다. 이처럼 나는 민주정당이라는 정당의 충원과정에서 어떤 도둑놈의 사주에 의해 불법 부당하게 탈락하는 희생자가 되었다.

이처럼 당시 통일민주당이라는 정당이 공채로 뽑은 당 전문위원 시험에 나는 수석으로 합격을 하고도 당 전문위원에서 탈락을 당하는 치욕적인 일을 겪었다. 결국 나는 당 정책실장의 불법 부당한 반칙과 편법에 의한 범법행위로 인해 내 인생의 전환점을 맞이할 절호의 기회를 도둑질 당하고 말았다. 이것이 내가 겪은 민주화운동을 주도했던 민주정당의 엘리트 충원과정의 실상이었다.

당시 내가 경험한 정당의 당직 인사 충원과정은 정치 선배가 정치 후배를 키워주기보다는 장차 경쟁자가 될 것을 염려하여 크기도 전에 철저히 싹을 자르고 제거하는 불법 부정한 방법들이 자행되고 있었다. 특히, 최근의 조국 사건을 볼 때 기득권을 가진 소위 진보주의라는 민주인사가 반칙과 특권, 편법으로 다른 사람의 경쟁을 방해하고 공정한 경쟁을 제거하는 행위들은 아마 빙산의 일각이 아닐까.

정의와 민주라는 가치 이념에 따라 민주화를 부르짖었던 민주 인사들의 이와 같은 비민주적인 처신 때문에 우리의 민주주의는 아직도 활착되지 못하고 있는 것이 아닐까. 특히, 최근까지도 정치 지도자들이 자신의 아들 딸 등을 불법 부정한 반칙과 편법으로 취업을 시키고 또 자신들의 친. 인척을 보좌진으로 임명하는 등의 행태를 볼 때 우리의 정치인들이 얼마나 양심이 없고 정의롭지 못하다는 것을 단적으로 보여주는 것이 아닌가. 이것이 내가 경험했던 과거 야당이라는 민주정당의 비민주적인 당직 충원과정의 실태였다.

그렇다고 이 당시 이러한 정치 현실 앞에 나는 실망하지도 않았고 더욱더 굴복하지도 않았다. 앞으로 닥칠 더한 어떤 시련과 고통이 나를 기다리고 있다 하더라도 나는 반드시 이를 극복해야 한다는 마음만 먹었다. 용서만이 참된 승리를 얻는다는 링컨 대통령의 말씀을 알고 있었지만 갑의 입장이 아닌 을의 입장에서의 용서는 당시로서는 정말 감내하기 힘든 것이었다.

오랜 관행으로 이루어지고 있는 정당의 국회의원 공직 후보자 충원과정을 보더라도, 1인을 뽑는 소선구제 하에서는 정치선배가 정치후배를 이끌어 줄 수 없는 구조적인 문제점을 안고 있다. 특히, 정당의 충원과정에서 정치에 입문 한 후배를 장래 자신의 경쟁자가 될 것이라고 염려하여 어떤 행태로든 수단과 방법을 가리지 않고 아예 제거해 버리는 정치행태가 지난 35년 간 소선구제 하에서 이루어진 정당의 엘리트 충원과정의 실상이다.

이번 20대 총선에서도 잘 알 수 있듯이, 각 정당의 비례대표 국회의원에 정당의 당료 출신은 여 야를 통틀어 한 두 사람 정도가 전부다. 이것이 민주정당이라는 정당들이 행하고 있는 정치엘리트 충원 과정의 실상이다. 정당정치가 제대로 실현되기 위해서는 정치를 제대로 배운 정치엘리트들이 폭넓게 충원될 수 있도록 정당의 정치엘리트 충원과정을 제도적으로 개선해야 한다. 이를 위해서는 대선거구제의 도입을 통해 정당의 엘리트들이 민주적으로 충원될 수 있도록 정당정치가 선진화되어야 한다. 또한 이와 병행하여 사표 방지를 위해 권역별 정당별 비례대표제와 직능별 비례대표제가 적정한 균형을 이루면서 확대되어야 정치 엘리트신인들이 정치권에 쉽게 진입을 할 수 있다.

따라서 현행 소선거구제 하에서 진행되고 있는 보스중심의 계파 패권주의에 의한 공직후보자 충원과 정치적인 전문성이 없는 비례대표 공천과 정권 연장을 위한 연동형 비례대표제는 정당민주주의의 발전을 위해 반드시 청산해야 할 정치적 개혁 과제이다. 정당의 보스에 의해 공직후보자를 결정하는 계파중심의 패권주의 정당은 보스의 사조직이나 다를 바 없는 정당이다. 이러한 정당정치의 행태는 정치발전에 걸림돌이 될 수밖에 없다. 더구나 이러한 정치 엘리트 충원 과정이 결국 불법과 부정, 부조리와 부패의 근원이 되고 있다는 점이다.

그러므로 국익과 국민을 위한 정치가 제대로 실천되기 위해서는 정당의 엘리트 충원이 보스 중심의 혈연이나 학연 등 정실에 의해 충원되는 것을 원천적으로 봉쇄할 수 있는 법적 제도적 장치가 마련되어야 진정한 정당의 민주주의를 실현할 수 있다. 또한 이와 더불어 책임정치의 실현을 위해서는 각 정당들이 정당이 지향하는 이념만을 제시하고 정당체계의 구조와 조직을 허물고 의회 중심의 다당제 체계가 유지되더라도 연정을 통해 책임정치, 변혁정치를 할 수 있도록 정치관계법의 정치변혁을 단행해야 한다.

그리하여 정치는 의회가 중심이 되는 연정 체계를 만들어야 한다. 이와 같은 의회체계가 되어야 개혁입법과 민생입법을 과감히 추진할 수 있다. 지금의 정당체계 하에서는 어떤 변혁입법도 국회에서 만들 수 없다. 이와 동시에 공직후보자의 선출과정이 민주적으로 이루어지도록 해야 한다. 이렇게 되어야 국민의 자발적 참여에 의해 공직후보자를 결정할 수 있고 더 나아가 정당정치의 발전을 이룩할 수 있다. 즉, 국익과 국민을 위해 봉사할 수 있는 참된 일꾼을 우리가 제대로 선택 할 수 있는 정치변혁이기 때문이다.

행
복
한 자
　　 리

　　제 13대 국회에서 부활 한 국정감사를 위해 정부와 국영기업 그
리고 대기업을 상대로 많은 자료를 요구했다. 특히, 당시 국정감사
에서 목표를 두고 집중적으로 준비를 했던 일은 각종 불법과 부정,
부조리와 부패의 원인이 되고 있는 정경유착을 파헤치고 이를 해
결하기 위한 대안을 제시 하는데 두었다. 이러한 목표를 두고 준비
를 했고 입법보좌를 했기 때문에 내가 모시고 있던 국회의원은 의
정활동을 우수하게 수행했다.

　　내가 당시 준비한 국정감사 정책질의에서 당시 포항제철과 관
련된 포철 비자금 문제를 집중적으로 제기 했다. 당시 언론으로부

터 조명을 받기도 해서 자부심을 느낀 것도 부인할 수 없는 사실이다. 당시 당 총재와 사무총장이 사무실로 직접 전화를 할 만큼 포철 비자금 사건은 당시 전두환 정권과 관련된 의혹사건이었기 때문에 많은 국민들이 관심을 갖고 있었다. 결국 당시 이 사건은 더 이상 확대되지 않았지만 이후 문민정부가 출범하자 대대적인 검찰 수사가 진행되었고 마무리 되었다.

이 13대 국회에서 국정감사가 부활된 이후 30년 세월이 지난 지금까지도 이 정경유착의 고리는 아직도 단절되지 않고 있고 최근 조국 사건에서도 알 수 있듯이 정경유착은 더욱더 지능적으로 발전하고 있다. 이처럼 각종 사건에서 여실히 드러났듯이 정경유착이 각종 불법과 부정, 부조리와 부패의 가장 근본적인 원인이 되고 있다. 이것을 근절하기 위해 정부가 출범할 때마다 각종 제도와 규범을 만들어 시행을 해 보았지만 정치 논리만으로는 풀 수 없는 인간 본성에 따른 마음가짐의 문제이기 때문이다.

이 당시 내가 확실히 느낄 수 있었던 것은 이 엄청난 정경유착이라는 거대한 산 앞에서 나는 더 이상 할 수 있는 일이 없었다. 더구나 정경유착을 끊을 어떠한 정책대안을 제시하거나 이를 근절할 수 있는 어떠한 행동을 할 수 있는 위치에도 있지도 않았다.

이처럼 거대한 산 앞에서 나는 삶을 전환할 수 있는 새로운 일을 찾고 있었다. 보다 더 넓은 세계로 나아가고 싶었다. 국회를 떠나 새로운 삶을 찾기 위해 시도를 해 보기도 했지만 이 시기에 시작된 대통령 선거로 인해 또 정치권의 유혹을 더 이상 뿌리칠 수가 없었다. 결국 주위의 권유로 대통령 선거운동 캠프에 참여하게 되었다.

그러나 이 선거운동 캠프가 공조직에 속한 합법적인 선거운동본부에 소속될 것이라는 기대를 했으나 선거가 끝날 때까지 계속 사조직 형태로 운영되었던 나라사랑실천운동본부라는 곳이었다. 이 선거운동 캠프는 김영삼 후보를 대통령으로 만들기 위한 일종의 사조직 선거운동조직이었다.

이 조직은 선거운동이 시작되고 조직이 확대 되면서 홍보, 여성, 청년 조직은 공조직에 흡수되었지만 전국의 직능 단체를 대상으로 회원확보를 목표로 하던 이 조직본부는 계속 사조직으로 운영을 했다. 이 조직은 직능단체를 대상으로 조직적으로 김영삼 후보를 지지토록 유도하는 조직 형태였다. 이 사조직의 핵심요원은 철저히 상도동 직계의 인맥들로 구성된 조직이었다.

당시 여당과 야당의 대통령 후보들은 이러한 사조직 선거운동

조직을 공조직에 포함시켜 운영하지 않고 모두 사조직 형태로 불법적으로 운영하고 있었다. 이러한 불법 사조직들이 선거법 위반이라는 법망을 교묘히 피하기 위해 사랑하는 모임, 포럼, 산악회, 등의 각종 이름을 붙여 후보자를 도왔다. 결국 이런 편법 조직들도 불법 사조직 형태라는 비판 여론이 거세지자 나중에는 결국 제도권 정당의 직능조직으로 흡수시켰고 선거 때만 되면 합법적인 선거운동을 하는 것처럼 운영되고 있다.

이 당시 이러한 사조직이 공직선거법에서 금지하고 있는 불법 선거운동 조직이었지만 조직에 들어간 이상 조직을 이탈하기는 어려웠다. 솔직히 조직을 떠나지 못했던 이유는 이곳에서 양심이 있는 정치인 선배를 만났기 때문이다. 정치인 중에서도 신의와 정의감이 투철했고, 항상 가슴이 따뜻한 마음을 갖고 있어 그 어떤 정치인보다도 진정성을 느낄 수 있는 분이었다. 이 분이 바로 고 서석재 장관이다.

내가 불법 선거운동 조직의 일원이 되어 범법행위를 일삼고 있다는 사실을 너무나 잘 알고 있었지만 나는 이 분을 만난 이후 조직이라는 틀 속에서 헤어나지 못하고 푹 빠져 있었다. 더구나 군부독재를 종식하고 문민정부의 창출이라는 명분을 내세워 김영삼 대통령 후보자의 선거운동을 한 것은 내 자신이 저지르고 있는 불법

행위를 내 스스로 정당화시키고 있었다는 점이다. 그러면서도 또 마음 한편으로는 문민정부가 출범되면 정부기관이나 산하단체에 들어가 한 자리 할 수 있다는 출세주의에 빠져 있었고 그 기대감에 부풀어 있었다.

선거운동 결과 1992. 12. 18. 대통령 선거에서 김영삼 후보가 당선이 되었다. 전임 대통령인 노태우 대통령도 엄청난 선거 자금을 쓰고 대통령이 되었듯이, 김영삼 대통령 후보도 천문학적인 선거자금을 쓰고 대통령에 당선되었다.

대통령에 당선된 김영삼 당선자는 당선이 되자, 바로 며칠 후 자신을 도왔던 불법 선거운동 조직인 나라사랑실천운동본부와 민주산악회를 해체한다는 발표를 언론을 통해 했다. 그리고 이어 대통령에 취임을 했다.

문민정부가 출범했으나 최대 사조직인 나라사랑실천운동본부 조직본부에서 선거운동을 한 하부조직요원들은 대통령 비서실 발령을 거의 받지 못했다. 대부분의 하부조직요원들은 자리를 잡지 못하고 찬 밥 신세가 되었다. 조직의 수장이 없어서 당하는 일인지 아니면 대통령 당선자 아들의 영향력 때문이었는지 모르지만 나라사랑실천운동본부의 고위직 조직요원들이 권력 핵심부에 진입을 했지만 하부조직요원들은 거의 권력 핵심부 진입에 철저히 소외를 당했다.

이런 가운데 어느 날 대통령 비서실 총무수석이 불러 수석실을 방문했다. 이 분은 나에게 청와대에는 자리가 없으니 체육진흥공단 전문위원직을 제안했다. 나는 이 자리를 정중히 사양 했다. 이렇게 사양을 한 이유는 당시 권력의 핵심에 들어가지 못하면 정치를 하는 것이 거의 불가능 한 것처럼 생각했기 때문이다.

당시 사조직이라는 불법적인 선거운동본부에서 일한 대가로 출세 한번 해 보겠다고 욕심을 가졌던 내 자신이 정말 부끄러웠다. 스스로 정치적 역량을 키워 정치를 해야 하는 것이 정도인데, 출세를 하기 위한 하나의 방편으로 불법적인 선거운동 조직에 참여해 입신출세를 노린 내 자신을 스스로 미워할 수밖에 없었다.

이 때 나는 정치를 할 수 있는 최소한의 조건, 즉 집안을 제대로 다스리고 자신의 몸과 마음을 닦은 연후에 정치를 해야 한다는 유교의 평범한 가르침을 알면서도 제대로 깨닫지 못하고 있었던 것이다. 아니면 바보스럽게도 알면서도 이를 제대로 행동으로 실천하지 못하고 있었다. 출세에만 눈이 어두워 앞만 보고 달린 결과였다.

이 당시 나는 정치를 할 수 있는 수양이 너무나 부족했다는 점을 솔직히 인정하지 않을 수 없지만 이러한 불법 사조직 참여를 통해 입신출세를 해보겠다는 유혹에 나는 너무나 깊이 빠져 있었고 이러한 무지의 어리석음을 당시로서는 내 스스로 잘 알지 못했다.

정당하지 못한 과정을 통해 자신의 입신출세만을 추구한 어리석음과 무지에서 비롯된 당연한 인과응보였다. 나는 당시 이렇게 출세라는 허황된 늪에 빠져 허우적거리고 있었고, 나에게 주어진 현실을 정확히 파악하지도 못한 어리석은 사람에 불과했다. 막연히 출세라는 기대에 부풀어 스스로 내 자신을 오만스럽게 몰고 가는 과오를 저질렀다는 점은 더 이상 부인할 수 없는 사실이다.

더구나 나의 기대에 못 미친다고 해서 알량한 자존심을 내세워 포용하지 못한 나의 처신이 얼마나 어리석은 행동이었는지 나는 많은 시간이 지나서야 깨달을 수 있었다. 높은 지위든 낮은 지위든 나에게 주어진 자리에서 최선을 다하면서 후일을 도모해야 한다는 평범한 진리를 당시에는 잘 알지 못했다. 아마 이 당시 내 자신이 이렇게 행동한 것은 젊은 시절의 어설픈 자존심과 자신의 출세밖에 몰랐던 자기편애가 마음의 중심축에 자리 잡고 있었기 때문이다.

나는 삶을 살아가면서 지위의 높고 낮음에 너무 연연하지 말라는 말을 전하고 싶다. 높은 자리이든 낮은 자리이든 그것은 잠깐이며 그것은 마치 바람같이 스쳐 지나가는 간다는 것이다. 아무리 낮은 지위에 있더라도 그 주어진 자리에서 주인 역할을 하면 바로 그것이 최고의 자리라는 것이다.

특히, 낮은 지위에 있을 때가 더 여유로움이 있고, 그리고 이 여유는 매사를 넓게 볼 수 있는 안목이 생기기 때문에 수양을 닦을 수 있는 최고의 환경이 된다는 사실을 많은 시간이 흐른 다음에서야 나는 깨달을 수 있었다.

그러므로 자신이 처해 있는 그 자리에서 주인이 되고자 노력하는 것이 자기 자신을 위한 변혁운동이고 바로 참된 마음가짐이며 진정한 자기사랑이 아닐까. 그리고 그곳에서 매사에 최선을 다하다보면 바로 그곳이 삶의 과정에서 최고의 행복한 자리가 된다는 사실이다.

민
주
와
자
본

삶의 중심이 되고 있는 가족체계가 빠르게 해체되면서 우리의 가치관도 변화를 맞고 있다. 이렇게 가족체계가 해체되고 있는 원인이 무엇일까. 산업의 발달에 따른 자본주의의 심화는 결국 핵가족화와 독신가구의 증가, 여성의 사회참여와 거주지 이동의 확대, 이혼율 증가와 출산율의 저하, 개인주의 성향과 노인 권위의 상실이라는 구조적인 문제를 만들어 내었고 결국 우리의 삶에 있어 불행의 지수를 높이고 있다.

이러한 삶의 불행을 극복하기 위한 대안이 서구의 복지제도이고 이 복지제도가 불행을 극복하여 시회통합을 실현해 주고 가족 가치를 제고해 줄 것으로 기대를 했지만 우리 가정과 사회는 점점 애정이 식어가고 있고 책임성과 희생이 사라지고 있다. 심지어 가족 구성원까지도 서로 속이고 기만하고 배반을 하는 세상이 되었다. 이와 같은 가족 간의 갈등과 죄악은 더 나아가 사회적 불안을 심화시켜 국가의 불행으로 이어지고 있다.

특히, 서구 자본주의 성장에 따른 첨단기계문명의 발달에 따라 공해문제의 증가와 자연생태계의 파괴를 가져왔고 무역전쟁과 핵무기의 확산, 종교 갈등과 민족갈등에다 가치관의 혼란 등은 세계 자본주의의 파멸이 멀지 않았음을 짐작할 수 있다.

이처럼 오늘날 인류가 당면하고 있는 자본주의의 구조적인 문제의 주된 원인이 무엇일까. 이것은 분명 근대 민주주의와 자본주의라는 정치 경제체제가 잘못 운용되어 왔다는 것을 의미한다. 그러므로 이제 인류는 이 민주주의와 자본주의라는 가치에 대해 근원적으로 의구심을 갖지 않을 수 없게 되었다. 즉, 서구의 중심 사상인 자유와 평등, 이성과 합리라는 서구의 보편적 가치가 오히려 인류의 종말을 앞당기는 원인이 되고 있다는 것이다. 즉, 자유와 평등을 지향하는 민주주의와 이성과 합리를 바탕으로 한 자본주의가 이제는 우리 인류가 지향하고 있는 가치를 실현시키지 못하는 한계에 도달했다. 이제는 이러한 서구의 가치에 양심에 의한 정의라는 서구의 가치와 동양의 사랑과 포용, 조화와 행복이라는 가치를 보완하여 새로운 삶의 가치를 가질 때 민주주의와 자본주의는 한계를 극복할 수 있다.

특히, 민주주의와 자본주의는 인간심성의 가치관을 타락시키는데 결정적인 역할을 했다. 이것이 가치관의 전도현상을 가져왔고 도덕성을 타락시켰다. 인간의 가치관이 도덕으로부터 등을 돌리게 한 것은 우리의 지적 공동체가 민주라는 가면을 쓰고 도덕적 진리를 거부하는 회의주의에 물들어 있기 때문이다. 즉, 경제적 효율성만을 앞세우는 이기적 합리주의가 지배하게 되었고, 이 이기심에 함몰되어 매사를 반칙과 특권, 불법 부정한 편법을 동원하여 처리하고 있다. 그러므로 이런 자기편애의 이기심 때문에 민주주의는 완성되지 않고 자본주의는 성장을 멈추고 있다.

그러면 어떻게 하면 인간심성의 가치관을 바로 세울 수 있을까. 즉, 인간심성의 올바른 가치관의 정립은 새로운 정치철학과 정치사상을 시대의 흐름에 맞게 만들어 변혁운동을 통해 시민의 마음가짐에 심어야 한다.

이를 위해서는 서구의 중심 사상인 양심에 의한 정의라는 가치와 함께 동양의 가치인 사랑과 포용, 조화와 행복이라는 가치에서 그 해답을 찾아야 한다. 인간의 우환은 그 원인이 외부조건에 있지 않고 우리들 자신의 내부에서 일어나는 것처럼 우리들 자신의 생각에 달려있다는 것이다. 자신의 생각을 바꾸어야 가치관을 전환할 수 있다. 동양의 가치 관점에서 볼 때 우리가 살고 있는 세상이 천당이요 우리가 살고 있는 삶이 구원이듯이 자연과 인간의 완전한 조화에서 행복이라는 최고의 가치를 찾았다. 즉, 도로서 자연을 자각하는데 있다고 보았던 것이다.

이 동양의 가치에서 인생의 의미는 자연과 인간의 조화를 통해 행복을 최고의 삶의 가치로 보고 있다. 인생은 즐겁고 웃음에 찬 하나의 놀음으로 보았고, 어떻게 살아야 하는가에 대해서는 속죄를 삶의 과업으로 하는 기독교의 이념도 아니고 업을 쌓아 열반의 세계로 옮기는 불교의 이념도 아니고 윤리도덕이란 이름 아래 수양을 강조하는 유교의 이념도 아니고 인간적 힘과 개발을 강조하는 현대 인문주의적 이념도 아니다. 그러므로 동양의 가치는 놀이와 소요를 강조하는 조화에 의한 행복을 삶의 최고의 가치로 보았다. 즉, 하나 밖에 없는 삶이 자연과 인간의 조화에 의한 행복이 최고의 가치라는 것이다.

이와 같은 동양의 가치 외에 인과 덕이라는 또 다른 동양의 가치는 사람을 중심에 두고 있다. 인은 오로지 사랑이고 덕은 사람의 포용이고 효는 육친애로부터 시작한 사람에 대한 공경이고 충은 최선을 다해 일하는 사람에 대한 성실이고 예는 사람들 관계 행동의 조화이고 군자는 이 모든 것을 통합적으로 몸소 실천하는 사람다움을 지향하고 있다.

그러므로 인과 덕을 실천하는 것도 심성의 가치관을 바로 잡는 중요한 덕목이라고 생각했다. 인과 덕의 실천은 먼저 수신을 해야 한다. 이 수신은 자기 자신을 닦는다는 것으로 자기 마음을 닦는다는 것이고 이것은 늘 자기성찰을 한다는 것을 의미한다. 자기성찰은 자기가 자기를 객관적 대상으로 올려놓고 반성하고 평가하는 것으로 자기를 자기로부터 분리시켜서 냉정하게 자기분석과 자기평가를 해보고 자기비판을 하는 것이다. 즉 이것은 다른 사람보다 내가 먼저 수련해야 한다는 것이다. 이 수련의 핵심이 곧 배우는 것이고 그리고 실천하는 것이다. 배운 것을 그대로 실천하면 일에 충성스러움이 이루어지고 사람 간에 믿음이 깊어져 그 믿음이 바로 나로부터 시작해서 다른 사람 그리고 사회로 나아가는 것을 의미하는데 이것을 수기라 했다.

이처럼 동양 가치들은 실천을 통해 가치관으로 전환시키는 것이어서 이를 바로 세우는 일은 정말 쉬운 일이 아니다. 아마 이 일은 우리가 삶을 살아가면서 평생 동안 실천해야 할 숙명 같은 일이 될 것이다. 더구나 자신이 추구하는 일이 마음먹은 대로 잘되지 않는 냉혹한 현실과 행복과 불행의 반복, 선과 악이 충돌하는 삶의 과정에서 가치관을 바로 잡는 일이 쉬운 일이 아니지만 삶에 동양의 가치들을 가치관의 중심에 놓을 때에는 더 행복한 삶으로 나아갈 것이다.

가치관의 변혁은 삶을 살아오면서 과거에 어떤 삶을 살아왔고 현재 어떤 삶을 살고 있는지 깊이 성찰하는 반성의 자세가 무엇보다도 선행되어야 한다. 동시에 미래에 대해 어떤 자세로 살 것인가에 대한 희망의 다짐도 분명히 해야 한다. 이처럼 자신을 닦는 것은 과거와 미래 현재가 서로 분리되어 있지 않고 상호 연계되어 공존하고 있다는 것이다. 그러므로 이것은 인간관계에서 비롯되는 마음과 행동이 하나로 통하고 있음을 의미한다. 즉, 배우고 실천하는 것이다.

따라서 행복한 삶은 심성의 중심에 이러한 가치들을 바로 세워 실천을 해야 가능할 뿐만 아니라 이를 분리해서는 도저히 불가능하다. 결국 이것은 자신의 마음을 닦는 이치가 집안을 다스리는 제가의 이치가 같고, 기업을 경영하는 이치나 국가를 다스리는 이치가 같다는 것을 의미한다.

그러므로 개인의 삶이나 가정의 살림살이, 기업경영이나 국가 경영의 이치도 모두 똑 같은 이치로 일맥상통하고 조화를 이루고 있다는 것이다. 결국 민주주의와 자본주의의 한계를 극복하기 위한 방안은 서구의 양심이라는 중심 가치에 동양의 사랑과 포용, 조화와 행복이라는 가치를 더하는 가치관의 변혁운동을 전개해야 가능하다. 이것이 민주주의를 완성하고 선진자본주의를 이룩하는 최고의 삶의 가치가 될 것이다.

정당 민주주의

국민대학교 정치대학원에서 나는 정치학 석사과정을 마쳤다. 전혀 예상을 하지 않았지만 졸업식에서 정치학 석사 최우수 논문상을 받았다. 2년 반 동안의 주경야독으로 얻은 결과였지만 어쨌든 중 고등학교를 다니지 않아 초등학교 때 우등상을 받아 본 이후 오랜만에 학교에서 받은 상이어서 남다른 감회를 느꼈다.

석사학위 논문 제목은 공직후보자 선출과정을 중심으로 한국 정당운영의 민주화에 관한 연구였다. 논문의 배경은 정부수립 이후 최초로 문민정부에서 국민의 정부로 평화적 수평적 정권교체가 이루어졌으나 지금까지 우리나라 정당들은 지역정당, 지도자 중심의 인물정당체제를 벗어나지 못하고 있었다. 더구나 당이 나아가야 할 방향이나 당의 현안문제에 대해 내려야 할 의사결정은 지도자의 의사에 따라 결정되고 있는 상황은 전혀 개선되지 않고 있었다.

이러한 비민주적인 정당정치에 대해 항상 안타까움을 느꼈고 정치 선진화를 위해서는 정당의 민주주의가 무엇보다 시급하다고 생각했다. 특히 정당 민주주의 핵심이라고 할 수 있는 공직 후보자 선출과정에서 공직 후보자들이 민주적으로 선출이 되어 충원되어야 우리의 정치를 선진화 시킬 수 있고, 이것이 정당 민주주의의 핵심이라고 보았다.

이와 같은 정당정치의 현실과 정치제도를 연계하여 나는 정당운영의 민주주의에 대해 관심을 가졌고 이를 중심으로 논문을 썼다. 논문의 주요 내용은 정당운영 민주주의의 본질은 국민이 가지는 정치적 의사가 정당에 의해 예비형성 되고, 이것이 다시 국가의 의사로 승화되어 구체적인 정책이나 입법의 형태로 나타나게 하는 것이 정당의 기능이라고 생각했다.

그러므로 국가의 정책이나 입법은 상향식으로 완성되어야만 그 정당성을 인정받을 수 있고. 또한 정당 민주주의의 또 다른 기능은 정당의 인선기능이다. 이 기능은 바로 국가의 인선기능을 의미하는 것이기 때문에 정당 내부의 공직 후보자 선출이 민주적이고 상향식으로 이루어지지 않으면 그 공직 후보자의 선출은 그 정당성을 의심받게 된다고 보았다.

따라서 정치권력의 정당화와 정당정치의 발전을 위해서는 정당자체의 민주화, 즉 정당운영의 민주주의 규범이 먼저 요구되기 때문이다. 이와 같이 정당에서 민주주의 규범이 요구되는 이유는 정당의 내부조직이 비민주적으로 운영이 되면, 그 정당이 집권할 경우 국정의 운영도 비민주적으로 운영할 위험이 있기 때문이다. 또한 정당의 기능면에서 정당의 공직 후보자 선출이 민주적인 상향식으로 선출되지 못할 때 민주주의를 실현할 수 없다.

이러한 맥락에서 한국 정당정치의 발전을 위해서는 무엇보다도 공직후보자 선출과정에서의 상향식 당원참여와 국민 참여가 정당 민주주의의 핵심이라고 보았다.

이와 같이 정당 민주주의의 핵심이라고 할 수 있는 정당의 공직 후보자 선출과정이 민주적인 상향식으로 이루어져야 하는데 우리나라 정당들은 대통령 후보와 국회의원 선출과정을 살펴보면 각 당의 당헌. 당규에 경선규정을 두어 외형상으로는 민주적인 경선을 실시하고 있는 것처럼 보이고 있다.

그러나 경선에 참여하는 대의원의 구성이 비민주적으로 되어 있을 뿐만 아니라 대의원들에게 자율성을 부여하지 않고 있는 실정이었다. 더구나 대통령이나 당 대표와 지구당 위원장의 관계, 지구당 위원장과 대의원의 관계가 후견인- 수혜자 관계를 이루고 있다는 점이다. 이 관계 때문에 보스 중심의 패권주의와 지역주의, 소수의 의견이 다수의 의견에 의해 무시되는 정치풍토의 제한된 범위 내에서 대의원을 구성하고 있는 폐쇄적인 특징에 의해 공직 후보자를 선출하고 있다.

더구나 각 정당에서 여론조사를 통한 지지율을 선출과정에 반영하여 후보를 선출하고 있으나 제한된 범위 내에서 이루어지고 있다. 일부 상향식 당원참여가 되고 있으나 제한된 범위 내에서 대의원을 구성하는 폐쇄적인 경선을 하고 있다. 과거 대통령 선거를 앞두고 치른 신한국당의 대통령 후보 경선에서 국민의 지지율이 높은 후보가 경선에서 떨어지는 결과를 낳기도 했는데 이것은 우리나라 정당들의 공직 후보자 선출과정이 아직도 비민주적임을 보여주는 것이라고 할 수 있다.

따라서 이 논문을 쓰게 된 목적은 정당 민주주의 핵심인 정당의 공직 후보자 선출에 대한 문제점을 지적하고 대안을 제시하는데 있었다. 정당의 공직 후보자 선출이라고 할 수 있는 공천은 바로 정당의 인선기능이며 이 기능은 정당 민주주의의 핵심이 되기 때문이다. 이와 같은 우리나라 정당들의 공천 실상을 국민에게 전하고 우리나라 정당들의 정당정치 발전에 조금이라도 도움이 되기를 간절히 바라는 마음이었다.

이러한 마음에 나는 이 논문의 핵심을 요약하여 당시 새천년민주당에 정책 제안을 했다. 당시 나의 이러한 제안을 당이 받아드려 우리나라 최초로 상향식 당원 참여와 국민 참여경선을 대통령 후보 선출과정에 적용하여 노무현 후보가 대통령 후보가 되었다.

그러나 현재의 우리나라의 정당들은 과거 노무현 정권 때보다 더 비민주적이다. 특히, 국회의원 공직 후보자 공천과 관련하여 각 정당의 지도자와 대통령은 공천에 영향권을 행사하고 있어 정당을 사유화하고 비민주적으로 운영하고 있다. 특히, 지난 20대 국회의원 선거 전 집권당에서 오픈프라이머리 국민 참여경선을 제안했으나 대통령의 공천 개입으로 무산된 사례가 대표적이다.

야당의 경우도 정당의 보스가 결정하는 방식의 계파 패권주의와 지역주의 패권을 이용하여 공천을 함으로써 야당의 공직 후보자 공천도 비민주적으로 이루어졌다. 이와 같이 우리나라 정당들은 20대 국회의원 선거에서도 민주적인 상향식 공천을 실천하지 못했다. 이 상향식 공천이 정당 민주주의의 핵심이 됨에도 불구하고 각 정당들은 보스가 공직후보자 공천에 기득권을 행사 했고, 결국 야당의 지도자들도 정치 변혁을 거부하기는 마찬가지다.

이번 20대 국회의원 선거를 앞두고 실시한 각 정당들의 공천 과정을 보면, 공정한 공직 후보자 선출은 철저히 배제되었다. 즉 민주적인 상향식 공직 후보자 공천이 전혀 이루어지지 않고 각 정당의 보스가 공천을 결정하는 구태를 벗어나지 못했다. 정당의 공직 후보자 선출이 민주적으로 실시되어야 정당 민주주의가 이루어지고 이러한 바탕위에서 민주주의가 제대로 실현될 수 있다는 것을 뻔히 알면서도 각 정당의 지도자들은 기득권을 행사하고 자신들의 밥그릇 챙기기에 혈안이 되어 있었다.

이처럼 국민들 기대와는 달리 자신들만의 추태를 보였던 각 정당들의 국회의원 공천 결과는 유권자인 국민이 지역 패권주의를 허무는 변화의 조짐과 함께 제 3당을 만들어 주기도 했다. 선거를 통해 보여준 국민의 적극적 정치 참여는 정당 민주주의 방향을 제시했고, 의회 민주주의 정치를 활착시켜야 한다는 정치적 변화를 국민들이 만들어 주었다. 이제 국민의 적극적인 정치 참여를 통한 정치변혁운동 추진만이 대한민국의 민주주의를 앞당길 수 있다. 그러므로 정치의 주역으로 나서서 선진 정치를 실현 해 주기를 진심으로 바란다.

공권력의 변혁

문민정부의 경제정책 실책으로 인해 외환위기라는 충격적인 사태가 발생했다. 이 경제 위기상황에서 많은 회사들이 어려움을 극복하지 못하고 폐업을 했다. 살아남은 회사들마저도 이 위기상황을 극복하기 위해 수많은 노동자들을 대량 해고시켰다. 이렇게 경제전반이 모두 어렵게 되자 서민들의 삶은 더더욱 고통스런 상황이 되었다. 이런 환경에서 직장을 구하기는 정말 힘들었다. 더구나 자영업을 해 보려고 시장조사를 해보았지만 불경기에 할 만한 것이 보이지 않았다.

이렇게 3년 가까이 허송세월을 보내면서 백수신세가 되었다.

정치권에서 다시 할 일을 찾아보려고도 했지만 가정을 다스리는 일 조차 제대로 하지 못하는 상황에서 더 이상 정치권을 기웃 거리는 일은 도저히 자존심이 허락하지 않았다. 지금까지 살아 온 내 인생에 있어 아마 이 시기가 가장 힘들었던 때였던 것 같다.

새해가 되었다. 나는 무엇인가를 해야 한다는 절박한 마음으로 일을 찾고 있었다. 나는 마음속으로 지혜를 모으고 용기를 내어 새로운 일을 찾아야 한다는 간절한 심정으로 일자리를 찾고 있었다.

나는 소자본으로도 할 수 있는 자영업을 하기 위해 많은 업종에 대해 시장조사를 했고 사업자금도 없었지만 마땅히 할 만 한 일이 보이지 않았다. 그러던 어느 날 나는 평소 잘 알고 지내던 지인으로부터 주유소 사업을 하고 있는 사람을 소개 받았다. 이렇게 해서 주유소 사업을 알게 되었고 주유소 사업과 연관이 있는 자동차엘피지 충전소 사업을 소개 받았다. 이 사업은 투자에 대한 위험성이 별로 없어 보였고 초기 사업자금만 확보할 수 있다면 한 번 해볼 만한 사업이라고 판단을 했다.

그러나 이 사업을 진행하면서 내가 겪은 것은 지방자치단체장의 공권력 남용과 사법부와 검찰 및 경찰의 불공정한 공권력 행사였다.

먼저 지방자치단체장들의 공권력 남용 사례를 보면, 서초구청장이 자동차 엘피지충전소 사업을 고시하면서 상급 지방자치단체인 서울시와 충분한 사전협의를 하지 않고 이 사업을 진행했다. 이렇게 진행하다 보니 도시계획시설 계획이 결정되지 않은 상황에서 졸속으로 사업고시를 하였다. 즉, 공권력 직무유기였다. 결국 이런 이유로 이 사업은 장기간 표류할 수밖에 없었다.

이렇게 표류하다가 진행된 사업자 선정과정에서도 서초구청장은 행정권을 남용하여 자신의 인척과 동업을 한 사업자가 심의과정에서 사업자 설치대상자에서 탈락하자 심의 결과를 구청장은 인정하지 않았다. 서초구청장은 어떻게 하면 이미 결정된 사업자 설치대상자의 내인가를 취소할 것인가를 찾고 있었던지 장기간 사업자 허가를 하지 않았다. 이런 과정에 사업자 설치대상자와 아무런 관련이 없는 익명의 투서를 이유로 서초구청장은 충전소 설치대상자 선정을 취소하고 허가 신청을 반려했다.

이렇게 충전소 설치대상자 선정이 취소되고 허가 신청이 반려되자 감사원과 고충처리위원회에 진정을 하는 한편 서울시에 행정심판을 청구했다. 그 결과, 감사원과 고충처리위원회는 진정 회신에 대한 답변에서 충전소 내인가 허가 취소와 허가신청 반려는 서초구청장의 재량권 남용에 의한 행정처분이므로 서초구청장에게 충전소 허가를 해주도록 권고를 했다.

그러나 이러한 권고와 정반대로 서울시의 행정심판은 아무런 사유도 제시하지 않고 그저 이유가 없다는 이유로 이 사건을 기각했다. 이와 같은 서울시의 의사표시 없는 행정심판의 결과는 누가 보더라도 납득이 가지 않는 행정처분이었다. 서울시장은 시민을 위한 행정은 하지 않았고 오직 하위기관인 서초구청장 행한 행정처분이 정당한 행정처분인 것처럼 심판을 했다.

결국 서울시의 행정심판에 불복하여 행정소송을 제기했고 그 결과, 1심 행정소송에서의 판결은 재량권을 현저히 일탈한 행정행위로 충전소설치허가 반려를 취소하라는 판결을 받아 승소하였다. 그러나 서초구청은 이에 불복하여 항소를 했고 오랜 기간 항소심이 진행이 되었다. 항소심 결심 공판을 마치고 판결 선고를 일주일 앞둔 어느 날 서울고등법원에서 연락이 왔다. 원고와 피고 그리고 양측의 변호인이 함께 고등법원 담당 판사실을 방문해 줄 것을 요구했다. 결심을 끝내고 판결을 며칠 앞둔 상황에서 담당 판사는 이 사건을 처음부터 다시 검토하겠다고 했다.

이처럼 당시 재판부는 어떤 이유인지 갑자기 불공정한 절차에 의한 반칙과 특권으로 재판을 연기하고 이어 판결을 했다. 충전소 설치사업자와 관련이 없는 익명의 투서를 한 사람을 증인으로 불러 증인의 주장만을 인용하여 법원은 1심 판결을 뒤집어 판결을 했다. 사업자 신청권자도 아니고, 사업부지 일부의 사용을 승낙해 준 토지소유자가 현금을 받고 현금 보관증을 써 준 행위가 마치 사업권자가 사업권 허가를 받아 양도를 해 준 것처럼 판결을 했다.

이 판결은 누가 보더라도 납득할 수 없는 불법 부당한 판결이었다. 누군가 보이지 않는 힘이 작용한 것이 분명했다. 이 당시 서초구청장에게 투서를 한 사람은 충전소 사업을 하는 사람이었고 이 사업을 편법으로 취득하기 위해 토지 소유권자에게 돈을 주고 현금보관증을 받아가는 얄팍한 잔꾀를 부렸다. 당시 이 업자의 사위는 서울중앙지검에 검사로 재직하고 있었다. 만인이 법 앞에 모두 평등하고 정의롭게 판결을 해야 함에도 불구하고 인맥을 동원한 불법 부정한 방법으로 반칙과 특권으로 판결을 뒤집은 재판부의 판결은 정의롭지 못한 결과를 보여준 것이었다.

이어 대법원에 상고를 했으나 대법원에서 결국 기각당하고 사건이 확정되었다. 7년 동안의 모든 노력이 모두 수포로 돌아갔다. 너무나 힘들고 고통스러웠다. 금융비용과 사업 추진 경비로 약 2억 원 정도의 부채를 안게 되었다. 이 부채로 인해 더 이상 어떤 일도 할 수 없었다. 결국 이 부채를 갚지 못해 형사고발을 당했고, 영장 청구가 있기 전에 간신히 합의를 보아 구속을 면했지만 이 사업으로 인한 정신적인 충격과 경제적인 고통은 너무나 컸다. 이때부터 고혈압 증상이 자주 나타났고 때론 정신이 몽롱해지고 자주 어지러움을 느꼈다.

이후 나는 서초구청장을 형사고발을 했다. 구체적인 증거와 증인을 들어 고발을 했으나, 경찰은 서초구청장을 단 한 번도 조사 하지 않았고 무혐의 처리하고 사건을 종결했다. 대한민국이 법치국가이지만 검찰과 경찰 앞에는 법의 정의가 없었다. 더구나 지방행정을 총괄하는 선출직 구청장이 자기에게 주어진 재량권을 법 위에서 남용하였고 이권을 챙기는 일에 혈안이 되어 있었던 것이 분명한데도 불구하고 고발사건에 대한 조사를 받지 않는 반칙과 특권을 누렸다.

이처럼 사법부와 검찰 및 경찰, 선출직 지방자치단체장 등이 휘두르고 있는 공권력의 실체는 너무나 불법 부당했고 부조리와 부패에 깊이 연관되어 있었다. 즉, 유전무죄 무전유죄라는 권력을 가진 갑의 횡포대로 판결을 하고 수사를 하고 행정을 집행했다.

특히, 혈연과 학연, 금권을 앞세운 갑의 횡포에 의해 저질러진 사법부의 판결은 법의 정의와는 너무나 멀리 떨어져 있었다. 검찰과 경찰은 권력과 금력의 하수인으로 타락했고 부정과 부조리 부패의 진원지처럼 보였다. 지방자치단체장은 재량권을 현저히 이탈하여 남용을 하고 있어도 어떠한 법적 심판을 받지 않는 무소불위의 공권력을 휘두르고 있었다.

이것이 충전소 사업을 하면서 경험했던 대한민국 공권력의 실체였다. 이러한 공권력에 의한 불법과 부정, 부조리 부패 행위는 각종 사건 사고 등에서 드러나고 있지만 빙산의 일각에 지나지 않을까.

따라서 권력기간의 불법 부정과 부조리 부패를 청산하는 일은 우리 젊은 세대 여러분에게 기대를 할 수 밖에 없다. 다행히 김영란법이 제정되어 이러한 부정부패가 얼마나 없어지게 될지 두고 볼 일이지만 불법 부정과 부조리 부패 척결은 제도만의 개선만으로는 불가능하다고 생각한다.

대한민국이 제대로 된 선진국이 되기 위해서는 정부가 앞장설 것이 아니라 우리의 젊은 세대들 여러분이 각자 위치한 자리에서 공권력 변혁운동을 자발적으로 추진해야 한다. 그리하여 헌법 개정과 정치관계법 개정, 사법부와 검찰 개혁, 과감한 행정개혁을 통해 입법, 사법, 행정 등 공권력의 변혁을 완성해야 한다. 더구나 검찰개혁의 방향의 검찰의 중립성이 보장되지 않는 개혁은 국민을 속이는 행위나 다를 바 없다. 국민의 삶이 편안해지고 행복해 지는 첩경은 법의 정의가 실현되고 민주주의가 제대로 뿌리를 내릴 수 있는 나라가 되어야 한다.

이것이 바로 공권력 변혁이 시급한 이유이다. 그래야 선진국이 될 수 있다. 만인이 법 앞에 평등하게 대접받고 정의가 불의를 이기는 사회가 되어야 한다. 즉, 사람이 사람답게 사는 세상이 되어야 한다는 것이다. 개인이 국가 안에서 참된 삶을 살 수 있도록 입법 사법 행정은 국민 위에서 군림할 것이 아니라 국민에게 충성을 해야 한다.

우리는 어떻게 하면 이런 세상을 만들 수 있을까. 무엇보다 정치적 리더십이 절실히 요구되지만 정치인들에게 이러한 개혁을 요구하는 것은 공허한 메아리에 지나지 않을 것이다. 이미 국민을 대리하는 대의민주주의는 한계를 드러냈다. 그 결과 촛불집회를 통해 나타난 것처럼 직접민주주의의 실현을 위해 계속 촛불을 드는 행위는 파시즘인 전체주의에로 변질될 위험이 있을 뿐만 아니라 독재의 수단으로 전락할 수 있기 때문에 국민에게 주권이 있다는 완전한 민주주의라고 할 수 없다. 왜냐하면 편 가르기의 진영 논리에 빠져 정의를 부정하기 때문이다 이제 국민 개개인이 각자의 위치에서 더 나은 세상, 사람 사는 세상을 위해 변혁운동을 스스로 추진해야 한다. 즉, 국민과 함께 하는 입법, 낮은 자세에서 국민을 섬기는 행정, 법 앞에 만인이 평등한 사법이 되어야 한다. 그리하여 정의로운 사회, 가진 자와 가지지 못한 자가 대등하게 대접받는 사회, 사람이 사람답게 사는 세상의 실현은 우리의 젊은 세대 여러분들이 각자 일하고 있는 입법, 사법, 행정 조직의 직장에서 이 개혁을 스스로 만들어 내는 운동을 전개하는 것이 진정한 개혁이 아닐까.

이 변혁 운동만이 현재 위기에 처한 대한민국을 선진국으로 만드는 일이 될 것이다. 이 일이 젊은 세대 여러분이 반드시 가져야 할 마음가짐이고 행동으로 실천해야 할 최고의 가치가 될 것이다. 또한 이것만이 진정한 대한민국의 미래에 대한 분명한 희망의 다짐이고 현재의 대한민국을 선진국으로 만드는 지름길이 될 것이다.

방
송
의

변
혁

2004년 5월부터 서울 종로구 삼청동에서 한옥 한 채를 임차
해 스테이크 전문점을 열었다. 자동차 엘피지충전소 사업이 소송
에 휘말리자 생계를 위해 집 사람과 함께 시작한 것이다. 스테이크
에 대한 조리기술도 전혀 없었기 때문에 처음에는 양식 조리사를
채용했지만 오직 스테이크를 좋아했던 이유만 믿고 시작 한 것이
었다.

처음 6개월 동안은 요리 뿐만 아니라 영업 전반에 대한 모든 것
이 서툴고 어려웠다. 매출 수익은 집세와 요리사의 월급을 주고 나
면 남는 것이 거의 없었다. 더구나 손님을 친절히 대해야 하는 서비

스업이 되다 보니 항상 입가에는 미소를 띠고 허리를 굽혀 인사를 해야 했고 명랑한 목소리로 손님을 대해야 하는 태도가 익숙하지 않아 여간 쉬운 일이 아니었다.

이렇게 자영업을 시작한지 6개월 사이에 나의 모습은 너무나 많이 변해 있었다. 정치권에 있을 때 그렇게 권위적이고 어깨에 항상 힘을 주었던 모습과는 너무나 많이 변해 버린 나의 모습에 내 스스로 놀랐다. 정말 다른 사람이 되어 있었다. 이것은 나에겐 엄청난 변화였다. 작은 가게였지만 이곳에서 나는 많은 것을 배우고 느꼈다. 매입과 매출을 관리하고, 4대 보험 연금 관리와 부가가치세 신고 및 소득신고, 종업원의 사기진작과 손님 접대, 스테이크와 와인에 대한 설명, 주차관리 등 1인 3역 이상의 역할을 했다.

가게 매출은 갈수록 늘었다. 5년 동안 단 하루를 쉬지 않고 일했다. 이렇게 자리를 잡고 장사를 하니까 집주인은 5년 임대차 기간 만료일이 다가오자 건물의 신축을 이유로 들어 비워 달라고 했다. 어쩔 수가 없었다. 삼청동에서는 마땅한 가게 자리가 없어 성북동으로 자리를 옮겨 두 달 동안 인테리어 공사를 하고 다시 스테이크 전문점을 오픈했다.

이렇게 다시 가게를 오픈한지 2개월 쯤 지난 어느 날 미국 쇠고기 수입과 관련된 광우병 파동이 터졌다. 처음에는 별로 대수롭지 않게 여겼던 일이 시간이 지날수록 사태는 점점 더 심각해져갔다. 이렇게 되자 손님들이 거의 발길을 끊었다. 광화문에서는 매주 주말만 되면 촛불 시위가 있었다. 시위가 있는 날이면 손님이 아예 한 사람도 없었다. 이렇게 8개월을 견디면서 많은 적자를 봤다. 어디에 하소연도 하지 못했다.

이 광우병 파동으로 더 이상 스테이크 전문점을 운영한다는 것이 불가능했다. 시간이 지나면서 광우병 파동이 가라앉았지만 여전히 쇠고기 기피 현상이 지속되어 매출이 더 이상 오르지 않았다. 마침 가게를 사겠다는 사람이 나타나서 시설비를 받지 않고 가게를 처분했다. 이 광우병 파동으로 결국 스테이크 전문점 사업은 망하게 되었다.

이처럼 MBC PD수첩 방송을 시작으로 야기된 광우병 파동은 나에게 엄청난 손해를 주었지만 어떻게 할 방법이 전혀 없었다. 공영방송으로서 국민의 알 권리를 앞세워 정확한 사실을 확인하지 않고 내 보낸 광우병 방송이 스테이크 전문점이나 쇠고기 전문 식당을 운영하던 사람들에게는 너무 치명적인 사건이 되었다는 점이다. 그리고 그 결과는 너무나 가혹한 것이었다.

특히, 미국 쇠고기 수입을 놓고 벌인 이명박 정권의 통상 외교는 자영업을 하는 영세업자의 입장에서 볼 때 정말 도저히 납득 할 수가 없었다. 집권 초기 대미외교에서 보여준 이명박 정부의 저자세 외교와 굴욕적인 통상 협상은 국민들을 분노케 했다. 아마 노무현 대통령처럼 대등한 입장에서의 대미 통상에 대한 협상 기조를 유지 했었다면 이런 파동은 없었을 것이다. 이러한 외교 실책을 진보세력들은 방송이라는 언론을 선동하여 정치적으로 이용을 했다. 문화방송이 언론 선동의 나팔수가 되었다. 그 결과 결국 피해를 본 사람은 나와 같이 수입산 쇠고기로 자영업 식당을 운영하는 사람만 망하게 만드는 결과를 가져다주었다는 점이다. 더 나아가서는 국론만 분열시키는 결과를 낳았다.

이 광우병 파동에서 얻은 교훈은 정치에 있어 내치도 중요하지만 외교가 너무나 중요하다는 사실, 그리고 사실을 제대로 확인하지 않고 정략적 이용에 앞장서서 공영방송의 태도를 망각하고 나팔수 역할을 한 공영방송의 태도로 인해 많은 자영업자들에게만 피해를 안겨 두었다는 것이고 결국 국민을 분열시켜 갈등과 반목만을 키워준 사례가 되었다는 점이다.

외교의 기본원칙이 국익과 자국민 보호에 있고 이런 협상기조 하에서 상대국과 대등하게 외교력을 발휘해야 한다는 사실을 정부는 모르고 있었는지, 아니면 알고 있으면서도 굴욕적인 통상협상을 했는지 전혀 알 수가 없지만 국민을 보호하지 못하고 국익을 내세우지 못한 외교 통상정책이 결국 국민을 분열시키는 촉매제가 되었다. 정말 한심한 일이 아닐 수 없었다.

특히, 진보세력과 문화방송은 대미 굴욕외교의 문제점을 빌미 삼고 국민의 알 권리를 내세워 광우병의 사실 관계를 정확히 파악하지도 않고 이처럼 불분명한 사실을 갖고 이를 정치적으로 이용하여 선동을 일삼은 행위는 반민주적이고 국익에 반하는 행위로 헌법질서를 파괴 한 것이나 다를 바 없었다. 이런 행동에 대해 이후 이 사건에 대해 진보세력이나 문화방송은 사과 한 마디 하지 않았다.

이 광우병 파동이 낳은 교훈은 굴욕적인 통상정책을 빌미삼아 진보세력들은 언론을 선동하고 이를 너무 정치적으로 이용을 했다는 것이다. 결국 이것은 국론을 분열시키는 결과를 가져왔다. 여기에다 쇠고기를 주 메뉴로 장사를 했던 사람들에겐 엄청난 재산상의 손해를 안겨주었다. 정부는 이에 대한 어떠한 행정적인 조치도 취하지 않았고 보상도 없었다.

특히, 진보세력들의 무책임한 언론 선동행위는 정부의 외교 통상정책에 대한 비판을 통해 자신들의 정치적 정당성을 확보하기 위해 방송을 을 마치 자신들의 하수인처럼 취급했다는 것이 부인할 수 없는 역사적 사실이다.

　이러한 방송의 태도가 최근 문재인정부에서도 나타나고 있다. 정권을 유지하기 위한 언론 선동과 왜곡된 보도는 너무나 부당하고 정의롭지 못한 행동이다. 국익과 국민의 권익을 우선해야 할 공영방송의 행동이 무엇을 위한 정당한 행동인지 묻지 않을 수 없다. 방송은 언론의 자유와 국민의 알권리를 혼동하고 있는 것이 아닐까. 정론을 펼쳐야 할 방송이 다른 세력의 입김에 의해 사실을 왜곡하고 편향된 방송으로 그 나팔수 역할을 하는 비양심적인 방송의 태도는 진정으로 누구를 위한 방송일까. 가장 빛나는 자리에서 만인의 대변인이 되어야 할 방송의 참된 태도는 바로 국익과 국민의 권익을 바르게 선도하고. 공정한 사실을 알리는 방송이 되어야 하지 않을까. 방송의 변혁이 무엇보다 시급한 이유다. 방송에 종사하고 있는 여러분에게 전하고 싶은 이유다.

세종시에
대한 단상

정당의 정책은 정당의 정치력을 의미한다. 이러한 정치력의 본
질은 정당 스스로 민주주의 절차에 따른 방법으로 결정이 되었을
때 그 정당성을 인정받게 된다. 이처럼 정당의 정책 결정은 당에
서 이루어지는 중요한 정책들이 사전에 국민들과 당원들의 여론을
충분히 수렴한 후 토론을 거쳐 민주적인 방법으로 수렴이 되어야
한다. 이렇게 국민이 가지는 정치적 의사가 정당에 의해 예비 형성
되고, 이것이 다시 국가의 의사로 승화되어 구체적인 정책이나 입
법의 형태로 나타나게 하는 것이 정당의 정책기능이다.

이러한 정당의 정책이나 입법은 민주적인 절차에 따라 상향식

으로 완성되어야만 그 정당성을 인정받을 수 있는 것이다. 그런데 세종시 원안은 당시 야당이 당론을 거쳐 여당과 합의하여 국회에서 입법으로 정하여 그 정당성을 인정받은 국가의 정책이었다.

그러나 이러한 국가의 정책을 이명박 대통령은 자신의 대리인 정운찬 총리와 또 다른 복대리인 정몽준 대표를 내세워 자족기능을 갖춘 도시를 만든다는 명분아래 세종시 수정안을 내 놓았다. 이 수정안이 자족기능을 갖춘 도시로 만든다고 하면서도 정부의 정책 결정에 대한 그 정당성마저 허물고 말았다. 더구나 전직 대통령은 국민투표 운운하면서 국정을 간섭하기도 했고 이명박 정권의 실세들은 이에 맞장구를 치기도 했다.

이와 같이 정권이 바뀔 때마다 왜 이런 일들이 일어나는 것일까. 그리고 이러한 정부의 법집행 결정사항을 정권이 바뀌지면 통치행위라는 미명하에 뒤집는 작태는 대통령이 헌법과 법률을 무시하고 국정을 문란케 한 것이나 크게 다를 바가 없지 않는가. 권력을 잡은 지도자가 이미 시행키로 되어 있는 정부 정책을 하루아침에 허무는 이러한 통치행위는 과거 군사정권들이 민주주의를 파괴했던 것과 크게 다르지 않다는 것인가. 더구나 여기에 야당과 시민단체는 이와 같은 국정 파괴 행위에 대해 어떠한 정치적 행동을 보이지도 않았다는 점이다. 국정을 장악한 세력들이 민주주의를 파괴하고 있는데도 누구하나 제대로 나서지 않고 있었다.

야당은 정국 주도권을 잃고 우왕좌왕하고 있었고, 여당은 정국 주도권을 쥐고 마치 일당 독재 체제처럼 국정을 장악 했다. 정치가 실종되고 국민은 안중에도 없었다. 정당성을 인정받지 못한 야당의 후보와 싸워 일방적으로 이긴 대통령은 자기도취에 빠져 오만과 독선, 아집과 편견으로 도둑질하기에 혈안이 되어 자기 마음대로 국정을 운영함으로서 통치에 있어 어리석음의 극치를 보여주었다.

결국 세종시 수정안은 헌법과 법률이 정한 절차에 따라 국회에서 논의를 하여 의결한 한 결과, 세종시 수정안은 통과되지 못했고 세종시 원안대로 세종시를 건설하게 되었다. 결국 이것은 시간과 국력을 낭비했고 지역감정의 골만 더 깊게 만든 결과를 가져왔다.

이처럼 세종시라는 국책사업이 차질을 빚게 된 것은 이명박 전 대통령의 책임인지 아니면 세종시 원안을 찬성했던 박근혜 전 대통령의 책임인지 세종시의 미래를 놓고 후일 평가를 내리겠지만 정작 중요한 것은 행정중심도시라는 명품도시에 걸 맞는 도시계획이 결여되어 있다는 점이다.

명품도시 세계일류도시의 모습을 갖추겠다는 행정중심복합도시는 아직도 미완성에 있다. 여야 모두 이 문제에 대해 관심도 없다가 대통령 탄핵에 따른 대통령 선거가 있자 모든 후보들이 각기 세종시에 대해 많은 관심과 공약들을 내놓았다. 선거 결과 문재인 정부가 출범을 했서 행정중심타운 주변을 활기를 띠고 있지만 편입지역인 조치원과 연기군 지역은 활력을 잃고 정체되어가고 있다. 부도심인 조치원은 시청과 교육청의 이전으로 도시는 공동화되어 완전 슬럼화 현상을 느낄 정도로 아주 심각한 실정이다.

이제라도 세종시가 행정중심복합도시로 행정수도가 되고 자족기능을 갖춘 도시로 되기 위해서는 여야 모두 지혜를 모아야 한다. 정부와 행정중심복합도시건설청, 세종시가 공동으로 추진하고 있는 세종시 장기 발전계획을 보면, 도심에는 중앙행정부처를 중심으로 상업지역과 아파트 중심의 주거지역이 건립되고 있으나 아직도 절반 정도 개발계획이 확정되지 않고 있다.

더구나 부도심인 조치원은 개발계획이 없이 그대로 방치되고 있다. 세종시에 편입된 농촌지역도 산업단지를 조성하여 자족기능을 높이려고 추진을 하고 있으나, 대규모 공단을 건설하지 않고 지역별 소규모 단지로 개발되고 있어 오히려 공장 난개발을 자초하고 있다.

특히, 기존의 소규모 공단에서 배출되는 대기오염 등이 심각한 상황임에도 여기 저기 소규모 공단을 조성하고 있어 행정중심복합도시와는 너무나 어울리지 않는 기형적인 도시가 되고 있다. 자족 기능을 갖춘 도시로 만든다는 명분아래 소규모 공단을 여기 저기 만든다는 것은 분명 잘못된 도시 계획이다. 대기오염을 배출하는 공단을 이전하지 않고 인근지역에 소규모 산업단지를 추진하는 것도 당초 세종시를 입안 할 당시 명품도시 일류도시를 만들겠다는 의도와는 너무나 거리가 있어 보인다.

최근 세종시에 국가산업단지를 계획하고 있다는 보도가 있으나 일류도시가 되기 위해서는 교육과 산업을 연계하여 신산업을 창조할 수 있는 산학중심도시, 지식과 정보화의 지식중심 첨단산업단지, 세계화에 따른 의료. 복지. 문화. 예술. 관광 등을 연계한 복합도시로 새롭게 도시계획을 수정해야 하지 않을까. 그리고 사람이 자연스럽게 와서 살 수 있는 도시로 만들어져야 한다.

지금도 중앙부처 공무원들이 서울에서 출근을 하는 형태로는 세종시의 성공을 기대할 수 없다. 무엇보다 중앙부처에 근무하는 공무원들이 이 행복도시에 조기 정착시키기 위해서는 실질적인 행정중심도시가 되어야 하고 국회이전을 비롯한 종합대학교의 이전과 대학병원 설립이 시급히 추진되어야 한다. 이처럼 비효율과 낭비를 극복할 수 있는 대안을 마련하지 못하는 근본적인 이유는 당초 도시계획에 대한 종합적인 플랜을 치밀하게 마련하지 않았다는 데 그 원인이 있다.

그러므로 세종시의 완성은 먼저 사람이 와서 사람답게 제대로 살 수 있는 도시가 되어야 대한민국의 명실상부한 명품도시, 세계적인 일류도시로 성장할 수 있다. 이를 위해서는 이 지역 발전을 이끌 새로운 지도자의 리더십도 필요하지만 중앙정부 특히, 청와대와 국토교통부 등 관계부처는 세종시 완성을 위한 보다 현실성 있는 계획을 다시 세워야 한다.

최근 정부가 세종시 일부에 스마트도시를 건설하겠다는 정책을 발표를 했으나 앞으로 세종시는 중앙 행정도시의 특성을 살려 교육과 산업을 연계한 산학중심도시 지식과 정보화의 첨단산업도시, 환경생명산업도시, 세계화에 따는 의료. 복지. 문화. 예술. 관광 등의 복합도시로 개발 방향을 수정해야 한다.

그리하여 세종시를 세계 일류의 명품도시로 만들어 우리 후손들에게 자랑스럽게 물러 주어야 한다. 이렇게 될 때 세종시는 역사와 전통이 공존하는 도시, 우리의 얼과 혼이 있는 도시, 교육과 산업을 연계한 산학중심도시, 지식과 정보화의 첨단산업도시, 환경

생명산업도시, 세계화에 따른 의료, 복지, 문화, 예술, 관광 등을 연계한 세계일류도시로서 자족기능을 가진 명품도시로 발전 할 수 있을 것이다.

그러나 3년 전 KDI가 분석한 보고서에 의하면, 세종시에 자연사박물관을 건립할 경우 자연사박물관에 대한 비용. 편익 평가의 결과가 나쁘게 나왔다는 언론 보도가 있었다. 어떤 기준을 갖고 이런 평가를 했는지 도저히 납득이 가질 않았다. 세종시는 지정학적으로 대한민국의 중심에 위치하고 있을 뿐만 아니라 인근 공주. 부여의 백제 문화유산과 청주와 오송의 역사 유적, 천안 아산의 역사 유적, 대전의 역사 유적과 대덕 과학단지와 연계시켜 자연사박물관을 건립할 경우 분명 비용. 편익은 높게 평가될 수밖에 없을 것이라고 예상하는 것은 나만의 생각일까.

이렇게 세종시 미래에 대한 걱정이 앞서는 분명한 이유는 세종시를 입안할 당시 관련기관은 인구 유입에 대한 확실한 도시계획을 세우지 않고 시작했다는 점이다. 현재 이 지역의 국회의원이 의원입법으로 국회 분원을 세종시에 유치한다고 선거공약을 걸고 국회의원에 당선이 되었다. 당선 후에는 고속철도 세종역을 신설하겠다고 하는 식의 미봉책으로는 세종시가 성공할 수 없다.

세종시가 명품도시로 성장하기 위해서는 헌법에 행정수도라는 명문을 넣는 헌법개정안이 불가능해 진 이상 국회 이전을 적극 추진해야 한다. 이와 더불어 종합대학교 이전이나 글로벌대학의 신설을 통해 교육과 산업을 연계시켜 산학연첨단도시의 메카로 만드는 것이 효과적인 방법이 될 것이다. 점점 비대해지고 있는 수도권을 보면서 우리 모두는 지혜를 모아야 한다. 세종시를 명품도시 일류도시로 만들 수 있는 방안을 적극 추진해야 한다.

나는 과거 노무현 전 대통령의 거친 말투, 뛰는 행동, 진지가 아닌 소지의 좌파 정치이데올로기에 너무 집착하여 진보의 시각에서만 보이는 낡은 가치들에 너무 치우쳐 있는 정치적 신념과 행동 때문에 솔직히 좋아하지 않았다. 이런 정치적 노선 때문에 같이 일을 하자는 제의가 있었지만 나는 참여하지 않았다.

그러나 정치 지도자 노무현은 민주당 경선을 통해 새로운 정치 패러다임을 만들었고, 결국 대통령에 당선되었다. 좌파 노무현이 대통령이 되었을 때 향후 국정 운영에 대해 어딘가 마음 한편으로 불안한 마음이 들었다. 하지만 역사에 남는 훌륭한 대통령이 되기를 간절히 기원했다.

노무현 대통령은 대통령에 취임하던 해 민주당을 와해시키고 열린우리당을 창당했다. 지역주의를 극복하여 전국 정당화를 위한 명분을 갖고 출발한 정당이었지만 임기 몇 달을 앞두고 간판을 내렸다. 한국 정당사의 병폐라고 할 수 있는 지도자 중심의 정당 구조, 줄 세우기 정당들처럼 결국 열린우리당도 노무현이라는 새로운 지도자가 나타나 새로운 정당을 하나 만들었다가 그 지도자가 임기를 마치면서 사라지는 정당이 되었다.

임기를 마친 노무현 전 대통령은 고향으로 귀향을 했다. 고향에서 새로운 삶을 준비 하던 중 친인척과 측근들이 연루된 비리에 휘말렸고, 결국 검찰청에 출두하여 조사를 받는 등 고초를 겪으면서 갑자기 우리 곁을 떠났다. 너무나 충격적인 일이 아닐 수 없었다.

대통령 취임 당시 내가 가졌던 불안감이 결국 이런 비극으로 끝난 것이 아닌가. 왜 이런 일이 일어날 수밖에 없었을까. 이런 비극의 근본적인 원인은 인간 노무현의 심성에 양심에 의한 정의와 사랑과 포용, 조화와 행복이라는 정치철학과 사상이 없었기 때문이다. 즉, 한 쪽으로 치우친 정치신념으로는 수신제가나 국가경영이 어렵다는 것을 단적으로 보여 준 것이다. 그러나 나는 갑작스런 대통령의 죽음으로 인해 평소 별로 좋아하지도 않고 그렇다고 싫어하지도 않던 바보 노무현에 대해 이 때부터 깊은 연민의 정을 갖게 되었다.

노무현 전 대통령이 서거 직전까지 깊이 고뇌했던 주제는 국민들이 행복한 삶을 살기 위해서는 국가는 무엇을 해야 하며 국민의 삶과 직결되는 국가의 적극적인 역할을 위해 진보주의는 어떻게 해야 하는가에 대한 화두를 그의 저서 진보의 미래에서 밝혔다.

이러한 담론은 진보와 보수를 다 수용할 수 있는 사고가 아니면 제안할 수 없는 것이었다. 만약 대통령이 되기 전에 이러한 담론을 제시하고 이를 실천한 대통령이 되었다면 아마 역사에 남는 위대한 대통령으로 역사는 분명히 기록할 것이다. 이처럼 정치가로서 정치이데올로기에 대한 성찰을 10년만 더 빨리 시작 했더라도 마지막 불행한 삶은 피할 수 있지 않았을까.

바보 노무현은 대통령 재임 당시 진보라는 정치이데올로기에 너무 집착하여 진보의 가치에만 너무 몰입되어 있었지만 반칙과 특권이 없는 세상, 학력, 성별, 지역 차별이 없는 세상을 추구했다. 그리고 한국에서는 진보와 보수의 문제가 사회적 논쟁의 중심 자리를 차지해야 지역주의를 넘어설 수 있다고 보았다. 맞는 말이다.

그러나 실천은 이루어지지 않았고 도둑질을 했다는 의혹을 받고 우리 곁을 떠났다.

또한 대통령 후보 경선 당시 노무현은 대권도전에 나서면서 "우리 함께 꿈을 현실로 만들어 봅시다. 정직하고 성실하게 사는 사람, 정정당당하게 승부하는 사람이 성공하는 그런 아름다운 세상을 만들어 봅시다. 불신과 분열의 시대를 끝내고 개혁의 시대 통합의 시대로 갑시다. 우리 아이들에게 정의가 승리하는 역사를 물려줍시다."라고 하면서 출발을 했지만 개혁과 통합의 정치를 하지 못했고 정의가 승리하는 역사를 물려주지도 못했다.

그는 민주당의 대통령 후보 경선과정에서 말로 하는 정책과 노선보다 그 사람이 걸어온 역사성과 정통성이 훨씬 더 훌륭한 정체성을 이루고 있다고 믿고 있었다. 그가 보기에는 원칙을 저버린 채 대통령 후보가 되기 위해 당을 바꾼 사람이 민주당의 후보가 되는 것은 이치에 맞지 않다고 보았다. 반칙을 한 사람 더구나 그 반칙으로 성공한 사람이 국가의 지도자가 돼서는 안 된다고 보았다. 이 정체성이야말로 노무현의 긍지이자 힘이었다.

이러한 노무현의 정체성에 대해 진정성을 느낀 사람들이 자발적 참여에 의해 모인 것이 노무현을 사랑하는 모임이었다. 이 노사모의 힘은 대통령을 만드는 기폭제가 되었다. 이 노사모는 국민이 자생적으로 참여해서 만들어진 조직이었다. 이것은 한국정당사에 자생력을 갖춘 새로운 패러다임을 제시했다.

그러나 바보 노무현이 특히 잘못한 한 것은 노사모라는 사조직을 대통령 당선과 동시에 해체하지 않은 점이다. 과거 김영삼 대통령이 자신의 사조직을 대통령 당선 직후 해체 했던 것처럼 했다면 오늘의 편 가르기 진영 싸움은 일어나지 않을 것이다. 노사모는 노무현이 우리 곁을 떠난 이후 재단을 만들었고 정권을 장악하는데 일등 공신이 되었고 최근에는 방송까지 만들어 현 정부의 홍위병 역할을 자임하고 있다. 최근 노무현 재단 이사장은 조국 사건에서 위법과 편법, 반칙과 특권으로 얻은 도둑질을 정당화 시키면서 세상을 혼란스럽게 만들고 국민을 속이는 행위를 저질렀다. 이것은 양심에 의한 정의를 죽이는 행위이고 노무현의 정체성을 정면으로 훼손하는 행위이다.

이렇게 노무현은 반칙과 특권이 없는 세상, 학력, 성별, 지역에 차별 없이 모두가 자신의 꿈을 이루는 세상을 외쳤고, 결국 대통령에 당선되었다. 대통령이 된 노무현은 국정 목표를 지역감정과 색깔론 같은 실체 없는 것으로 갈라져 있는 나라를 통합시키고, 이를 통해 정치개혁을 이루어야 한다고 보았고, 우리가 처한 위치에서 평화와 공존의 전략을 가져야만 변방의 나라가 아닌 세계의 중심 국가가 된다고 보았다.

그는 권력기관을 동원한 강한 대통령보다는 국민을 신뢰하고, 국민도 대통령을 신뢰하는 당당한 대통령을 원했다. 역대 어느 대통령보다 약한 대통령이지만, 국민의 신뢰를 먹고 사는 대통령이 되기를 소망했다. 그리고 그러한 지도력만이 지역갈등과 계층 대립이 만연한 우리 사회의 고질병을 치유할 수 있다고 본 것이다. 그 결과 우리 정치권에서 권위주의의 폐단을 어느 정도 없앤 것은 그의 덕분이다.

이러한 바탕위에서 노무현은 지역주의와 분열, 기회주의 같은 것들을 바로잡아 원칙이 바로 선 나라를 만드는 것이 대통령 노무현 이전에, 정치인 노무현의 평생 꿈이었다. 이 꿈을 펼치기 위해 대통령으로 취임하던 해 지역을 뛰어넘는 당을 만들어 일그러진 정당 구조를 바꾸어 보고자 열린우리당을 창당했던 것이다. 이 열린우리당의 창당 정신은 정치인 노무현이 평생 동안 온갖 희생을 무릅쓰고 일관되게 매진해 왔던 가장 소중한 가치였다. 그리고 이것은 정치적 목표를 넘어 삶의 가치 같은 것이 되었다.

그러나 임기를 몇 달 남겨두지 않은 상황에서 열린우리당은 당을 해산하고 통합민주당에 일부 흡수되고 말았다. 이것은 정치인 노무현의 인생에서 가장 심각한 좌절이자 절망의 순간이었을 것이다. 이처럼 자신의 인생을 바쳐 이루어내야 할 가치이자 후손들에게 자랑스럽게 물려주어야 할 원칙과 상식에 대해 그 누구도 이에 화답해 주지 않았다.

바보 노무현은 이 사회가 가난과 계급이 대물림되지 않는 세상을 바랐다. 사람 사는 세상. 자유 평등 평화 박애 행복이 진보의 가치 속에 있다고 보고, 우리의 역사가 돈의 편이 아니라 사람의 편으로 가고 있다는 믿음으로 걸어온 그의 인생역정은 감동적이었다. 그 막강한 돈의 지배력을 이기고 가치의 흐름을 쫓는 시민들의 흐름을 만들어 가기 위해 그는 자신이 가진 모든 힘을 다 짜내 시민이 주인이 되는 민주주의, 새로운 국가의 역할과 진보의 방향을 제안했다.

따라서 노무현 대통령의 이러한 제안은 진보의 이념에 너무 집착하여 우리 사회의 통합을 이루내지 못하고 실패했다. 우리 사회에 권위주의 폐단을 걷어내고 공공의 선과 개인의 삶에 더 관심을 가져다주었다고 평가는 할 수 있지만 자신의 마음가짐에 시대가 요구하는 진정한 정치이데올로기의 신념을 확립하지 못했다. 결국 자신이 주장했던 말과 행동들이 위선과 가식이었는지는 알 수 없지만 정치의 변혁을 꿈꾸었던 것만은 분명해 보인다.

그러므로 나라를 사랑하는 마음에는 진보와 보수가 다를 수 없고 통일을 염원하는 마음에도 진보와 보수가 다를 수 없다. 바보 노무현이 진보와 보수를 다 끌어안고 사조직을 해체했다면, 오늘 우리 정치권에서 보여주고 있는 편 가르기의 진영 싸움, 반칙과 특권, 위선과 가식, 불법 부당한 편법, 양심이 없는 불의가 판을 치는 혹세무민의 정치는 발을 붙이지 못했을 것이다. 바보 노무현이 꿈꾸었던 세상은 사람이 사람답게 사는 진정한 삶에서 출발했다. 그가 이루지 못한 꿈을 우리의 젊은 세대 여러분이 이데올로기의 변혁 운동을 통해 반드시 이루어야 한다.

권
력
구
조
의

변
혁

　　권력구조의 측면에서 볼 때 문민정부가 민주정치의 초석을 놓
았다면 국민의 정부는 정당 간 평화적 수평적인 정권교체를 이룩
했다. 문민정부는 군 사조직인 하나회 척결과 역사바로세우기, 금
융실명제 실시, 노동 관계법 개정을 통한 노동개혁 등을 추진했으
나 임기 말 외환위기를 자초하여 우리 경제에 치명상을 주었던 반
면 국민의 정부는 외환위기의 극복과 일시적인 대북 포용정책으로
노벨 평화상을 받았으나 이후 북한의 핵개발을 도와주는 결과를
가져다주었고 야권 통합을 선거에 이용하면서도 지역 정당을 더욱
고착화 시켰다.

이처럼 민주정부라는 문민정부와 국민의 정부는 민주주의에 기여를 했으나 민주정치의 핵심이라고 할 수 있는 권력구조의 변혁에는 접근조차 하지 못했다. 더구나 이 두 지도자는 이 땅의 민주와 자유, 평화와 통일을 위해 평생 많은 노력을 했지만 정작 정권을 잡은 이후에는 지역차별에 의한 지역감정의 골을 더 깊게 만들었다. 특히 대통령 재임 기간 동안 두 지도자들은 민주주의의 완성을 위한 권력구조 문제에는 관심도 없었고 민주화 세력의 통합을 추진하겠다는 의지와 행동도 없었다. 너무나 안타까웠다. 이러한 이 분들의 정치적 궤적에 대해 우리의 역사가 어떻게 기록할 것인지는 두고 볼 일이다.

내가 김영삼, 김대중 민주화추진협의회 공동의장을 동시에 처음 만난 것은 1987년 말 대통령선거를 앞두고 야권 대통령 후보 단일화를 위해 민주화추진협의회에서 양 김 씨가 만난 날이었다. 이 양김 회동에서 단일화는 이루어지지 않았고, 이후 결국 김대중 의장은 신한민주당을 탈당하고 평화민주당 창당을 선언했다.

이러한 양김의 결별은 결국 민주진영의 분열을 초래했다. 더더욱 안타까운 일은 이후에 지역차별이라는 지역감정을 넘어 지역정당화가 지금까지 고착화 되었고 민주정치는 후퇴하고 있다는 것이다. 이러한 지역 정당의 고착화를 허물고 민주정치를 완성할 시기가 되었지만 아직도 우리의 정치의 권력구조는 후진성을 벗어나지 못하고 있다.

3당 합당과 야당과의 야합을 통해 정권을 장악한 문민정부와 국민의 정부는 권력구조의 핵심인 5년 단임의 대통령제와 소선거구제를 폐기하는 권력구조의 틀을 바꾸지 않았고 이러한 권력구조는 이후 지금까지 유지되고 있다.

특히, 김대중 총재는 야당 지도자 시절 지역차별을 내세워 지역감정의 원인이 박정희 전 대통령에게 모든 책임이 있다고 주장하기도 했다. 그러나 정작 자신이 저지른 민주세력의 분열로 인해 오히려 지역 차별에 의한 지역감정의 골이 깊어졌고 그 결과 지역 정당의 구조는 우리의 정치발전에 장애가 되고 있다는 사실은 정말 아이러니가 아닐 수 없다.

이처럼 분열의 정치 원인은 권력구조에서 비롯되고 있고 권력구조의 변화가 없는 한 우리의 정치는 점점 더 희망이 없는 불행한 망국의 길을 향해 가고 있다. 이처럼 권력구조의 핵심인 대통령 단임제와 소선거구제는 민주정치의 발전과 국가의 발전을 저해하는 가장 큰 요인이 되고 있다. 양 김 이후 노무현 대통령이 이러한 지역차별에 의한 지역감정을 극복하고 권력구조의 틀을 깨기 위해

한나라당과의 연정을 제안하기도 했지만 이 역시도 실패했다.

이와 같은 권력구조 하에서는 지역정당 구조행태를 앞세운 지역 패권주의와 보스 중심의 줄 세우기 정치를 청산할 수 없다는 점이다. 그러므로 권력구조의 변혁만이 선진 민주정치를 이룩할 수 있다.

이와 같은 민주화 이후 우리가 안고 있는 최우선 과제는 무엇이고 또 이를 해결할 수 있는 방법은 무엇일까.

그것은 바로 민주주의를 완성하고 선진국을 만드는 일, 북한의 핵을 폐기하고 교류협력을 통해 개혁과 개방으로 유도하여 통일을 이룩하는 일, 민주세력이든 산업화세력이든, 보수든 진보든 국론을 하나로 묶을 수 있는 선진 정치체계를 갖추는 일, 기업하기 좋은 나라를 만들어 경제대국을 만드는 일, 올바른 정치이데올로기의 신념을 갖는 교양 있는 선진시민을 교육하는 일 등이 민주화 이후 우선적으로 실현해야 할 과제들이다.

이러한 과제를 해결할 수 있는 방법으로는 무엇보다도 먼저 헌법 개정을 통해 5년 단임 대통령제를 폐지하고 내각 책임제든 대통령 연임제이든 대통령에 집중된 권력구조를 허물고 책임정치가 실현될 수 있도록 헌법을 개정해야 한다. 이와 더불어 중대선거구제의 개혁을 통해 지역정당, 보스중심의 정당체계의 권력구조를 국민이 주인이 되는 권력구조로 변혁해야 한다. 또한 정보화와 세계화, 민주화와 지방자치 시대에 맞는 분권정치를 구현할 수 있는 방향으로 정치관계법이 변혁되어야 한다.

그래야 낡은 정치이념과 지역감정을 앞세우고 있는 지역 패권주의 정당을 과감히 없앨 수 있고, 국민 통합과 선진 정치의 가치를 정치이념으로 내세우는 정치를 할 수 있다. 이러한 과제를 해결하는 일이 바로 오늘을 살아가고 있는 젊은 세대 여러분에게 부여된 민주화 이후 최우선적으로 해결해야 할 권력구조에 대한 변혁운동이다.

따라서 문재인 정부가 출범하면서 헌법 개정을 비롯하여 정치관계법 개정을 추진하고 있지만 국회에서 논의조차 되지 않고 있는 것이 오늘의 정치현실이다. 정치권에 권력구조 변혁을 기대하는 것은 연목구어에 지나지 않는다. 권력구조 변혁을 위해 촛불을 드는 변혁운동 보다는 젊은이 들이 온라인과 오프라인을 통해 권력구조 변혁운동의 방법으로 권력구조와 변혁과 선거구제 변혁 서명 운동을 전개하는 것이 어쩌면 더 나은 방법이 아닐까.

대
통
령
과
경
제

　역대 대통령들의 경제적 업적을 보면, 이승만 대통령은 시장경제의 주춧돌을 놓았고 박정희 대통령은 수차에 걸친 경제개발계획으로 경제의 규모를 키웠다. 그 결과 경제로 북한을 눌렀고 지금의 경제성장을 이루는 결정적인 역할을 했다. 이후 노태우 대통령은 경제의 인프라인 인천국제공항과 고속철도를 추진하여 경제에 활력을 주었고, 김영삼 대통령은 경제에 걸림돌이 되었던 하나회라는 군부 파벌을 해체했고, 임기 말에 외환위기라는 오점을 남겼지만 금융 실명제를 실시하여 우리 경제를 튼튼하게 만들었다. 김대중 대통령은 외환위기 극복과 IT 산업의 진흥을 추진했고, 노무현 대통령은 한.미 FTA를 체결했다. 이명박 대통령은 세계 금융위기 극복과 높은 경제성장률과 무역액 1조 달러를 달성하고 처음으로 원조를 받던 나라에서 원조를 주는 나라가 되었다. 원전 수출과 녹색기후기금 유치, 4대강 사업을 통해 홍수 가뭄을 해결했다. 박근혜 대통령도 공무원 연금개혁과 노동 개혁을 시작해 우리나라 신용등급을 최고로 올렸다.

그러나 특히, 이명박 대통령의 경제정책을 보면 잘한 부분도 있지만 부동산 정책과 해외자원개발 정책은 실패했다. 우리나라 최대 부동산 공기업 한국토지주택공사의 부채가 이 명박 대통령 임기동안 엄청나게 증가했다. 결국 부채에 따른 금융비용의 부담으로 정상적인 영업을 할 수 없는 상황이 되어 한국토지주택공사가 추진해 오던 대부분의 대형 개발사업들을 중단하는 사태가 발생했다. 민간 기업과 컨소시엄 형태로 추진하던 용산 역세권 사업을 비롯한 대형 PF사업 등을 대부분 중단시켰다. 특히, 서민 주거와 관련이 있는 주택 및 토지 시장은 거래가 전혀 이루어지지 않았다.

이처럼 이명박 정부의 부동산 정책은 아예 없었다. 과거 노무현 정권 때 만든 부동산 정책을 고스란히 물려받아 보유세인 종합부동산세를 낮추어 부자들에게 혜택을 준 것 외에는 노무현 정권의 부동산 정책을 그대로 시행하고 있었고 부동산 시장의 상황도 정확히 파악하지 못하고 있는 것처럼 보였다.

이런 상황에서 여당과 야당은 물론 정부도 남의 일처럼 뒷짐만 지고 있었다. 과거 노무현 정권이 경제정책 특히 부동산 정책의 실패로 서민들이 등을 돌렸고 총선과 대선에서 참패하면서 정권이 바뀌었는데도 이명박 정부는 이처럼 과거에 잘못된 정책을 계속 이어갔다. 부동산 투기를 막고 서민을 위한다고 하면서 소득수준에 따른 대출규제제도(DTI), 주택담보인증비율(LTV), 광범위한 토지거래허가구역의 지정, 부재지주에 대한 양도세 중과 조치, 연접개발제한과 관리지역의 세분화, 실거래가 신고, 등의 규제를 계속 유지하고 있었다.

공급 측면에서 보면, 대규모 공공택지 공급과 신도시 건설, 공공임대주택 건설에다 보금자리 주택 건설, 4대강 사업 등 지역균형발전이라는 미명하에 추진한 이러한 정책들은 오히려 부동산 투기를 정부가 앞장서서 조장하는 결과를 가져다주었다.

이렇게 되자 현장에서는 발주처와 건설사의 과당경쟁을 부추겨 과도한 토지가격을 상승 시켰고, 은행들은 투자목적 보다는 시공사 보증을 통한 대출로 이자와 수수료를 챙기는데 혈안이 되었다. 설사 이러한 정책들이 전 정권 하에서 이루어진 일이었다면 이러한 문제들을 시정하는 정책과 조치를 취해야 함에도 불구하고 아무런 정책을 개선하지 못하고 우왕좌왕 했다.

결국 부동산 시장은 수요를 예측하지 않은 무리한 난개발을 잉태 했고 이러한 난개발은 전국적인 미분양 사태와 역전세난을 가져왔다. 미분양은 부동산 공기업과 지방자치단체 산하 부동산 공기업 및 건설사의 부도로 이어졌고, 이와 같은 부도는 금융권의 부실을 초래하게 되었다.

이러한 국가부도사태를 미연에 방지하기 위해서는 양도소득세, 토지거래허가제, 주택거래신고제, 주택담보인증 비율, 소득수준에 따른 대출규제 제도 등의 부동산 정책을 시장의 원리에 맞게 과감히 폐지하거나 보완했어야 했다. 특히, 부동산 정책의 기조는 보유세를 강화하고 양도소득세를 폐지 또는 대폭 완화하는 방향으로 가야 했다.

그리고 정부가 은행에 대출을 조금만 해줘라 마라 하지 말고 은행이 자율적으로 책임 있게 업무를 할 수 있도록 관치금융의 관행을 과감히 버렸어야 했다. 또한 부동산 실거래가 신고에 의해 공시지가 제도도 개선했어야 했다. 이 공시지가 제도는 정부 및 공기업의 토지 수용을 활용해 실거래와 공시지가와의 차액을 정부 공기업이 착취하는 수단이 되었기 때문에 마땅히 현실에 맞게 보완했어야 했다.

이처럼 부동산 시장의 왜곡 현상을 시정하지 않으면 향후 몇 년 이후에는 국가의 재앙이 일어날 것이 분명했다. 정경유착에 의한 부정부패의 축소판인 부산저축은행 사건에서 알 수 있듯이, 부동산 시장의 구조적인 모순이 나타나고 있었다. 이러한 부동산 시장의 구조적인 모순을 이용하여 다가오는 총선과 대선에서 각 정당들은 어떤 전략과 전술을 내세워 부동산 시장을 흔들어 놓을지 염려가 되었다.

이러한 이명박 정부의 경제정책을 파악하여 대안을 먼저 제시하고 이슈를 선점하는 한 곳이 여당인 새누리당과 박근혜 후보였다. 야당보다 먼저 경제민주화와 창조경제라는 경제정책의 대안을 야당보다 먼저 선점하여 국민들에게 다가갔다. 이명박 정권의 경제정책 실정에 대한 대안을 야당이 아닌 여당 후보가 먼저 선점함으로써 이것이 대통령 선거에서 종속변수가 아닌 상수로 작용했다. 이와 같이 이명박 정부의 실패한 부동산 정책을 역설적으로 집권당이 정권을 재창출하는데 성공하게 된 것은 야당이 무능했는지 기회를 놓친 것인지 알 수 없다.

이처럼 이명박 대통령은 임기 초 경제 대통령이라는 이미지와는 달리 대외 통상정책에서의 굴욕적인 실수로 인해 결국 광우병 파동을 일으키게 되었고 집권 초반에 아주 치명타를 입었다. 이러한 실정들을 만회하기 위해 4대강 치수와 지역 균형발전을 추진한다는 명분으로 함께 홍수 가뭄을 해결하는 것 외에는 별로 국민경제에 영향을 주지 못했다. 오직 침체된 건설업을 살리기 위한 미봉책이었다.

더구나 이 치수 사업을 추진하면서 치산 사업을 함께 추진했더라면 평가가 좀 달라지지 않았을까. 국토의 70%가 산지임에도 우리의 치산 사업은 40년 동안 방치되고 있다는 점이다. 치산 사업의 중요성에 관해 어떤 정치 지도자도 관심을 갖고 있지 않다. 치산치수 사업을 성공적으로 추진해 선진국에 진입한 싱가포르를 우리는 타산지석으로 삼아야 하지 않을까.

이렇게 비판을 하게 된 이유는 경제대통령이 되겠다느는 깊은 성찰이 전혀 없었던 것 같다. 그리고 경제 발전에 대한 미래의 대안을 제대로 준비하지도 않았다. 해외자원개발의 경우에서도 알 수 있듯이, 석유공사는 용역회사의 사업타당성 조사마저 무시하고 천문학적인 투자로 엄청난 국민세금을 낭비하는 우를 범했고, 한국광물자원공사에게는 자본금을 증액해 주지도 않고 무리한 차입에 의해 자체운영사업을 하게 함으로써 결국 부실공기업을 만드는 잘못을 저질렀다.

이제 우리는 적폐청산을 내세운 문재인 대통령에게 경제를 성장시켰다는 것을 기대할 수 없을 것 같다. 탈 원전과 소득주도 성장, 1%대로 추락하는 경제 성장, 수십조 원의 세금 선심, 공공 개혁의 역주행, 급증하는 국가의 부채와 각종 기금의 고갈 등이 문재인 대통령이 추진하고 있는 경제정책의 실체다.

이런 경제정책의 추진과정에서 지속되고 있는 적폐청산이 과연 무엇을 위한 적폐청산일까. 대통령이 주장하는 대한민국의 적폐가 역사를 단절하고 일정기간 동안에 있었던 적폐만을 대상으로 한다면 진정한 적폐청산은 불가능하다. 또 집권세력들은 적폐에 대해 진정한 성찰을 한 번이라 해 봤을까. 이처럼 회의가 들고 의심이 가는 것은 나만의 기우일까. 정치보복이 아닌 진정한 의미의 적폐청산이 추진되어야 한다. 이를 위해서는 과거 민주화운동 이후만을 볼 것이 아니라 대한민국의 건국에서부터 지금까지의 모든 정권들의 적폐에 대해 모두 성찰을 하는 자세가 전제되어야 한다. 동시에 적폐청산에 대한 기준과 방향을 정하고 미래에 대한 희망의 다짐을 국민들에게 분명히 제시해야 한다. 특히, 현재의 경제 상황을 정확히 인식하고 선진 경제대국을 지향하는 방향으로 적폐청산의 정책을 실행해야 하는데 이러한 정책기조는 보이지 않고 있어 안타까울 뿐이다.

소득주도의 성장, 혁신과 포용경제라는 모호한 경제정책은 수출이 둔화되고 실질소득이 감소하여 소비가 감소하여 생산성이 감소하는 부정적인 디플레이션 현상이 우려될 정도다. 부동산 시장을 보더라도 부동산 투기 세력을 잡지 못하고 오히려 집값만 상승시키고 있다. 이를 보완하기 위해 분양가 상한제를 시행한다고 하지만 이러한 정책은 미봉책에 불과하다. 부동산 시장의 경제 흐름을 무시한 정부의 지나친 시장개입은 부작용만 낳을 것이기 때문이다. 임대주책사업의 확대 정책은 가진 사람들에게 감세라는 혜택을 주는 결과가 되었고 결국 부동산 시장의 흐름을 왜곡시켜 서민들은 집값 불안정으로 소비를 줄이는 결과가 되었고 부동산 내수시장을 죽이는 정책이 되고 말았다. 이처럼 문재인 정부의 경제정책은 이미 실패했다.

지난 집권2년 동안의 소득주도의 성장, 혁신과 포용경제는 경제 전반에 걸쳐 많은 구조적인 문제점을 낳고 있다. 특히, 작은 정부가 아닌 큰 정부로는 경제성장을 기대할 수 없기 때문이다. 불경기에 긴축재정정책을 고집하여 국가재정을 효율적으로 관리하지 못하는 우를 범했고, 일자리 창출을 통해 고용을 중대시킨다는 명분으로 정부 및 공공기관의 근로자 수를 증가하고, 노인 알바 일자리만 늘어나는 정책으로 인해 오히려 생산성을 저하시키는 결과를 초래하게 되었다. 이것은 장기적으로 볼 때 결국 정부의 재정을 고갈시켜 국가부도 사태를 야기할 수 있다. 잘못된 정책이라면 지금 이라도 과감히 이를 보완하는 새로운 정책을 추진해야 한다.

　정부가 선진국처럼 인공지능(AI)을 다양한 분야에서 활용하지 못하고 온갖 규제를 변혁시키지 못하면 생산성의 개선은 기대하기 어려워 보인다. 조화를 이루지 못하는 최저임금제의 실시만 보더 라도 너무나 일방통행의 한심한 경제정책을 추진하고 있어 안타까 운 일이다. 시장의 흐름에 따라 수요와 공급이 이루어지고 성장과 분배가 조화를 이루는 행복한 선진경제를 실현할 수 있는 경제정 책의 추진이 경제를 살린 진정한 경제대통령이 되는 길이며 진정 한 적폐 청산의 귀일점이고 경제정책의 변혁이 아닐까.

　오늘의 대한민국 건국이 이승만 대통령이 대한민국 정부를 수
립한 것으로부터 비롯되었다는 주장이 있는가 하면 또 다른 일부
의 주장은 대한민국의 건국이 3. 1 독립운동으로 시작된 상해임시
정부에서 비롯되었다고 한다. 이처럼 건국을 해방 투쟁 공간에서
또 해방 이후의 공간에서 시작되었다는 논란을 벌이고 있는 것은
국론을 분열시키는 무지의 행동이고 대한민국의 정체성을 오히려
훼손하는 행위다.

　대한민국의 정체성에 대해 이렇게 분열된 모습을 보여주는 행
태는 국가와 국민의 자존심과 관련 된 문제다. 이러한 기성세대들

의 추태를 보면서 오늘의 젊은 세대들은 이 문제에 대해 어떤 생각들을 하고 있을까. 진보세력들은 대한민국 건국이 3. 1 독립운동으로 시작된 대한민국 임시정부 수립에서 비롯했다는 주장을 하고 있고, 보수 세력들은 1945년 해방 이후 1948년 대한민국 정부수립을 건국으로 주장하고 있다. 문제의 발단은 1948년 대한민국 정부수립을 대한민국 건국으로 인정할 수 없다는 진보 세력들의 주장에서 비롯된 것이다.

이런 진보세력의 주장이 맞는 말이지만 문제제기 자체가 잘못된 것이다. 즉 상해임시정부의 시작이 대한민국의 건국이라고 봐야 하는 것은 당연한 것이다. 즉, 나라를 세우기 위한 시작인 임시정부의 출범은 건국의 시작으로 봐야 한다. 상해임시정부는 민족주의의 정치이데올로기를 앞세워 국가의 정체성을 삼았다. 이 민족주의의 이데올로기는 자유주의와 민주주의, 자본주의의 이데올로기를 모두 포용하는 이데올로기이다. 이 민족주의가 대한민국 건국의 정체성이다. 그러므로 대한민국의 정체성은 상해임시정부의 출범에서 건국이 시작된 것이라고 봐야한다. 또한 1948년 대한민국 정부수립은 이러한 민족주의의 정치이데올로기의 정체성을 계승하여 대한민국 정부수립을 한 것이고 이를 유엔이 승인한 유일한 합법정부이다.

우리 헌법에서 규정하고 있는 대한민국의 정체성은 3.1 독립선언에 의해 시작된 대한민국임시정부의 법통과 불의에 항거한 4.19 민주이념을 계승한 자유민주의의 기본질서를 정체성으로 삼고 있다. 이처럼 우리 헌법에 규정하고 있는 대한민국의 정체성이 3. 1. 독립선언에 의해 시작된 대한민국임시정부의 법통에서 뿌리를 두고 있다. 또한 이승만 대통령이 대한민국 정부수립에 의한 최초 공화정 체제를 수립하고 3권 분립과 보통선거 실시를 통해 유엔이 승인한 유일한 합법 정부이고 대한민국의 정체성인 자유주의와 민주주의, 자본주의의 이데올로기라는 정체성을 계승하여 계속 유지시켰기 때문이다.

진보주의자들이 주장하는 것처럼 이승만 대통령이 대한민국 정부수립이라는 업적을 이루어 놓고도 헌법에서 규정하고 대한민국의 정체성을 훼손한 것 또한 분명한 사실이다. 그것이 바로 집권 말년에 와서 사사오입 등 말도 안 되는 개헌으로 법을 고쳐 대통령 종신제 개헌과 대통령선거에서 부정을 저질러 자유주의와 민주주의라는 대한민국의 정체성을 크게 훼손하고 헌법질서를 문란케 한 행위는 부인할 수 없는 사실이다. 그렇지만 이러한 이승만 대통령의 행위를 이유로 대한민국 정부수립에 관한 업적을 부인하고 논란을 제기하는 것도 대한민국의 정체성을 정확히 이해하지 못하는 행위다.

그러므로 현재 대한민국 헌법이 마지막으로 개정되었던 1987년 헌법 전문에 규정하고 있는 대한민국 건국에 대한 정체성의 규정은 80년대 민주화 투쟁과정에서 승리한 민주화 세력들이 중심이 되어 만든 민주화 투쟁의 산물이다. 즉, 승자 중심에 의한 투쟁의 산물이다. 역사의 승자가 개정한 헌법 전문의 의미는 대한민국의 건국이 1919년 출범한 임시정부의 법통을 계승한다는 것은 바로 건국을 의미하는 것이다. 그러므로 현행 헌법에서 대한민국 건국이라는 용어를 헌법 전문에서 제외시킨 것도 이러한 이유다.

이제 대한민국 정체성과 대한민국 건국에 관한 논란은 더 이상 문제 제기를 하지 말아야 한다. 광복 70년이 지난 지금은 분열의 시대를 청산하고 조화와 행복한 대한민국의 시대로 나아가야 한다. 그러기 위해서는 역사의 승자는 너그러운 마음으로 패자를 끌어안고 가는 사랑과 포용을 보여 주어야 한다. 혼란스러웠던 해방 정국의 미군정하에서 이승만 대통령은 자유민주주의와 시장경제를 선택했고 세계에서 가장 단기간에 이뤄낸 경제 성공의 역사에 그가 주춧돌을 놓은 것만은 분명한 사실이다.

반탁의 주도와 사사오입 개헌, 정적 제거와 3. 15부정선거에 의해 대한민국의 정체성을 훼손하고 헌법질서를 문란케 한 이승만 대통령을 하야시키고 대한민국을 정체성을 바로 세운 4.19 주도세력은 이제 역사와 국민 앞에 양심에 의한 정의, 사랑과 포용, 조화와 행복의 대한민국을 만들 수 있도록 미래의 주역들을 향해 포용하는 모습을 보여주어야 한다. 광복 70년을 맞은 우리는 이제 과거 민족 수난과 치욕, 좌절과 고통의 역사를 우리의 잘못으로 인한 응보로 받아드리는 자세가 필요한 이유이다.

더구나 대한민국은 더 이상 분열과 갈등 속에서 허우적거릴 여유가 없다는 점이다. 분단된 통일을 이루고 세계 속에 선진 대한민국을 만들기 위해서는 분란의 소지가 있는 헌법에 대한민국의 건국에 대해 분명한 규정을 두어야 한다. 그러므로 대한민국 건국을 포함한 헌법 전문의 개정 방향은 유엔이라는 국제기구가 승인한 대한민국 정부수립을 포함하여 건국에 대한 정체성을 분명히 바로 세워야 한다.

그리하여 후세들에게 꿈과 희망의 다짐을 주어야 하고 자신감과 용기를 갖고 세계를 무대로 활보할 수 있도록 응원해 주어야 한다. 더 이상 우리의 기성세대들이 젊은 세대들에게 대한민국 건국과 관련하여 대립과 분열의 모습을 보이지 말아야 한다. 이제는 젊은 세대가 대한민국의 주인이고 역사의 주역이다. 대한민국의 건국을 더 확고히 하고 정체성을 바로 세우는 일이 바로 정치변혁 운동이고 여러분이 감당해야 할 일이다.

비
정
규
직

노
동
자

　　우리나라 노동자의 절반인 900만 명의 노동자가 비정규직이다.
이 비정규직의 평균임금은 정규직의 평균임금의 절반에 미치지 못
하고 있고 해가 거듭될수록 임금격차는 더 심해지고 있다. 비정규
직 노동자들의 고용불안과 저임금이 지속되고 있기 때문에 결혼을
하기가 힘들고 또 결혼을 하더라도 결국 아이를 낳기도 어렵고 아
예 아이를 포기하는 가정도 늘고 있다.

　　이러한 비정규직 노동자가 우리 기업에 도입된 시기는 산업화
의 시작에서 시작되었고 이러한 비정규직 노동자가 대량으로 확
대 된 것은 IMF 구제금융 위기 이후부터라 할 수 있다. 당시 하

루가 멀다 하고 기업 퇴출이 이루어졌고 근로자들은 실업자로 내 몰렸다. 살아남은 기업들은 채용을 머뭇거렸고 이에 비정규직 근로자가 대안으로 제시되었다. 결국 길거리로 내몰렸던 근로자들은 어쩔 수 없이 비정규직 노동자라는 신분을 선택할 수밖에 없었다.

이렇게 뿌리내린 비정규직 노동자는 근로 현장에서 정규직과 비정규직이라는 분리에 따라 비정규직 소득은 정규직 소득의 30% 수준에 머무는 아주 심각한 상황까지 오면서 노동의 착취와 임금 차별을 받았다. 결국 이러한 자본의 재생산 이중 구조는 지난 20년 동안 노동 현장에서 뿌리 깊게 자리 잡아 우리 사회의 양극화의 대표적인 대립각을 만들었다.

복수 노조의 허용으로 노동단체에도 변화와 개혁을 기대했지만 우리나라의 모든 노동단체들은 이 비정규직 노동자에 대한 배려나 공생의 노력을 전혀 보이지 않고 있다. 특히, 현대자동차와 같은 정규직 귀족 노조는 노노 갈등을 더욱 조장하고 있다는 것이 더욱 심각한 문제이다.

더구나 국회에서 만든 비정규직 보호법마저 유명무실한 실정이고 노동법 완화가 노동시장을 더 어지럽게 하는 결과를 초래했다는 점이다. 외환위기 이후 김대중 정부는 공공. 노동. 금융. 기업 구조조정 등 4대 개혁을 추진한 결과, 금융과 기업 구조조정은 어느 정도 성공을 했으나 공공개혁과 노동개혁은 성공하지 못했다.

특히, 대기업들은 자신들의 지배구조 약점으로 인해 노사협의에서 경제논리를 갖고 대응을 하지 못하고 강성 노조에 굴복하면서 인금 인상을 할 수 밖에 없었다는 것이다. 이러한 임금 인상에 따른 부담은 결국 하청기업인 중소기업에 떠 넘겨져 중소기업 노조의 소득은 대기업 노조의 소득의 50% 수준에 머무는 정도의 임금격차만 벌어지게 만들었다.

이어 이명박 정부에서는 공공개혁과 노동개혁에 관한 근본적인 개혁을 추진하지 못하고 일자리 창출을 위해 재정지출만을 추진하여, 창출 된 일자리 대부분은 임시직이거나 계약직 또는 청년인턴 등에게만 해당되어 다분히 실업률 감소에만 혈안이 된 정책을 시행하여 비정규직에 대한 근본적인 해결책을 전혀 제시하지 못했다.

그러나 박근혜 정부가 들어 공공개혁을 추진하면서 어느 정도 실적이 있게 되자 노동시장의 고질적인 이중 구조를 없애기 위해 정규직과 비정규직 임금 격차를 해소하고 심각한 청년실업을 해소하겠다는 노동개혁이 노사정위원회에서 대타협을 통해 이루어졌으나 19대국회 입법과정에서 법안이 통과되지 못했고, 결국 20대 국회로 넘어갔으나 여소야대의 국회에서 마무리는 불가능해졌다.

앞으로 문재인 정부는 이러한 노동 개혁을 추진하기에 앞서 정규직 노동자의 소득과 비정규직 노동자의 소득, 업무 영역 및 한계상황을 정확히 파악하고 이들과 먼저 소통을 해야 한다. 소통을 통해 정규직 노동자와 비정규직 노동자는 물론 야당과도 정부가 추진하려고 하는 노동개혁의 당위성을 솔직하게 털어 놓고 진정성을 갖고 노동자들을 설득해야 한다.

과거 박근혜 정부가 시도한 대타협은 슈뢰더 전 독일 총리가 하르츠위원회를 구성하여 사회적 대타협을 추진했던 방향으로 노동개혁의 방향을 잡은 것인데 정말 잘한 선택이라고 보았지만 야당과의 소통과 타협이 부족했고 노동자들을 설득하지 못한 상황에서의 노동변혁은 더욱 기대하기 어려웠다는 점을 현 정부는 분명히 알아야 한다.

문재인 정부가 노동변혁을 성공하기 위해서는 정부와 집권당은 물론 야당과 함께 진정성과 솔직성을 갖고 노동자들과 소통을 통해 설득해야 한다. 그리고 타협에서 도출된 노사의 대등한 교섭력을 우선적으로 배려해 주어야 한다. 임금피크제 도입 ,성과 연봉

제 등을 직접 당사자인 노동자들과 노사합의를 통해 추진이 되어야 하며 정부도 먼저 상생의 당위성을 솔직하게 밝히고, 통상임금, 해고 가이드라인 등 노동자의 근로환경을 개선하는 방향으로 출구 전략을 세워 함께 추진을 해야 한다.

이와 동시에 기업과 사용자도 근로자와 대등한 입장에서 경제 논리를 갖고 교섭에 임하는 자세를 견지해야 했다. 그리고 정규직 근로자들도 사용자와 대등한 입장에서 교섭을 통해 비정규직과의 상생을 위한 고통의 분담을 감내할 수 있는 자세를 보여야 한다.

따라서 문재인 정부가 이 노동변혁을 성공하기 위해서는 노조 단체와 대화와 타협을 통해 공공변혁과 노동변혁에 따른 출구 전략을 갖고 머리를 맞대고 근로조건과 근로환경을 개선하는 법 제도의 개선을 함께 추진해야 한다. 또한 노동자의 업무 영역 및 한계 상황을 정확히 파악하여 노노 갈등을 해소하는 방향으로 유도를 해야 한다. 특히, 정치권은 솔직성과 진정성을 갖고 진심으로 노동자를 대하는 타협의 자세를 보여야 할 것이다. 이와 함께 이 한국노총과 민주노총도 상생과 협력을 통해 노노 갈등을 근본적으로 해결할 수 있는 자신들의 대안을 당당하게 제시하도록 유도해야 한다.

따라서 노동변혁의 성공은 시대의 변화에 맞게 대등한 교섭에 바탕을 둔 대화와 타협의 노사문화만이 노동변혁을 성공할 수 있다. 이 일은 정부와 사업자는 물론 당사자인 양대 노총과 비정규직 노동자 모두가 열린 마음과 상생의 마음가짐으로 이 변혁운동을 함께 추진할 때 가능할 것이다.

그리하여 비정규직 노동자들과 공생하고 청년실업을 해소함으로써 함께 사람답게 사는 세상을 만드는 진정한 노동 변혁운동이 우리 모두에게 함께 부여된 시대적 소명이고 역사적인 책무라는 점이다. 노동변혁운동의 성공은 바로 선진 대한민국을 만드는 핵심 과제이다.

　　문재인 정부가 출범한지 2년이 지나자 대통령은 예산안 국회연설에서 교육부 장관과는 상의도 없이 자신들이 정해 시행하고 있는 대학입시에서 정시모집을 늘려야 한다고 하면서 교육개혁을 다시 언급했다. 권력층에서 일어난 조국 사건이 제도가 잘못 되었다는 것에서 찾은 것인지, 아니면 대학입시 과정에서 발생하고 있는 반칙과 특권, 위법과 편법에 의한 것인지, 대통령 자신이 이를 어떻게 인식하고 교육개혁을 들고 나온 것인지 알 수 없지만 교육에 관한 근본적인 변혁운동이 시급한 이유다.

　　과거 정권들은 불법 부정과 부조리 부패라는 적폐의 원인을 정확히 파악하지 못했다. 그러다 보니 이를 단절하고 치유할 수 있는 분명한 방안을 만들 수도 없었다. 더구나 이러한 적폐의 원인을 해결하기 위한 진정한 의미의 토론의 장도 마련하지 않았다. 지난 40년 동안 민주화 운동 이후 정권을 장악한 세력들은 진정한 교육 변혁에 대해 성찰이 없었고 시민사회단체와 종교단체, 각계각층의 지도자들도 교육 변혁에 대한 대안을 제시하지 않았다.

특히, 과거 문민정부는 불법과 부정, 부조리 부패라는 적폐의 원인이 지도층을 중심으로 한 기득권 세력들이 반칙과 특권, 위법과 편법의 방법으로 도둑질을 일삼고 있다는 사실을 파악하고도 적폐의 규모가 엄청나 이를 덮어버리고 말았다. 이후 우리 사회는 더욱도 공정한 경쟁이 배제 된 무질서하고 혼돈스런 상태에 머물러 있다는 점이다. 그러므로 이러한 원인을 정확히 파악하지 못하고 정책을 추진할 경우 그 변혁은 결국 성공할 수 없다는 점이다.

정권을 장악한 세력들이 이 교육변혁을 진정으로 실천할 의지가 있다면 이 문제에 대해 근본적인 원인을 정확히 파악하는 것에서부터 출발해야 한다. 그리고 그 원인이 무엇인지 파악이 되면 실현가능한 정책적인 대안을 제시하고 어떻게 이 교육 변혁운동을 실행을 할 것인지를 국민 앞에 명확히 입장을 밝혀야 한다.

대한민국이 처한 불법과 부정, 부조리와 부패의 근본적인 원인이 바로 우리 모두 마음의 본성인 도덕성의 결핍에서 기인하고 있다는데서 찾아야 한다. 그러므로 이 적폐로 인한 총체적 위기는 바로 사람의 본성과 관련된 도덕성 교육의 문제에서 비롯되었다는 것을 정확히 깨달아야 한다.

자원이 없는 우리가 가지고 있는 것은 인재 밖에 없는데도 불구하고 우리는 민주화 이후 제대로 된 인간의 본성과 가치관, 교양을 갖춘 선진국 시민으로 성장할 수 있도록 인재들을 잘 가르치지도 못했고, 잘 키우지도 못했으며, 잘 개발시키지도 못했다. 50년 100년 이후를 내다보고 참된 선진국 시민, 교양이 있는 인재를 육성하지 못했다는 점이다. 즉, 인간의 본성과 가치관, 창의성과 재능 중심의 학교 교육을 하지 못했고, 사회에 진출한 이후에도 참된 인재 개발의 사회교육을 너무나 등한시했다.

이처럼 인간 본성에 의한 도덕성 교육 부재로 인해 우리 모두는 자신이 처한 위치에서 양심에 의한 정의, 인과 덕에 의한 사랑과 포용, 조화와 행복을 알지 못하는 교육을 받았고 이런 이유로 행복한 삶을 이루지 못하고 있다. 이런 원인 때문에 우리는 인간관계에서 자기편애의 이기심에 의해 반칙과 특권, 위법과 편법을 오히려 정당화 시키면서 정의는 사라졌고 사랑과 포용은 없어졌다. 위선과 가식, 편견과 오만으로 조화를 무시하고 맡은 일에 대한 책임을 다하지 않았다. 기만과 사기로 다른 이유만을 들어 희생할 줄 모르는 타성에 빠지는 인간을 성장시켰다.

그러므로 어떤 사태가 터지거나 불법 부당한 일이 생길 때 그 근본 원인을 제대로 파악하지도 않고 사후 미봉책 마련에만 너무나 급급해 하는 행동을 보여주는 사람을 만들었다. 이것은 우리 자신들이 양심에 의한 정의가 없고 인과 덕에 의한 사랑과 포용이 없으며 조화와 행복을 모르는 인간으로 성장했다는 것을 의미한다.

지난 세월호 사태와 최순실 게이트를 거쳐 조국 사건을 지켜보면서 우리 사회에 불법과 부정, 부조리 부패가 최고의 권력층에서부터 사회 각계각층에까지 독버섯처럼 퍼져있다는 사실들을 목격했다. 이러한 사실들을 통해 알 수 있듯이, 지도층을 비롯한 기득권층은 마치 도둑질만을 일삼는 도둑놈처럼 보인다는 점이다.

이렇게 된 원인이 바로 물질만능의 출세주의, 입시위주의 기계적인 교육에 의해 자기편애에 집착하여 모든 것을 독차지 하겠다는 생각, 성장과 수출에만 혈안이 되어 성과에만 집착한 결과이다. 인성과 창의성, 재능을 무시한 인성교육과 인재개발의 사회교육이 전무했고 그저 수단과 방법을 가리지 않고 잘 살아 보겠다고 앞만 보고 달려온 결과다.

결국 이러한 원인으로 인해 우리 사회는 불법과 부정이 판을 치고, 부조리와 부패의 먹이사슬에 의해 서로가 기생할 수밖에 없는 부패한 나라를 우리 스스로가 만들었다는 것이다. 이것은 우리 스스로 선진 국민이 되기를 포기하고 말았다는 것을 의미한다.

이것은 우리의 마음가짐 중심에 양심에 의한 정의라는 결과는 없고 불의가 정의를 억압하는 사회로 전도된 것을 의미한다. 그리고 우리는 오히려 불법과 부정, 부조리와 부패를 더욱 더 정당화하고 있다는데 그 심각성이 있다. 마치 비정상이 정상처럼 보이는 착시현상으로까지 나타나고 있다. 그러므로 이와 같은 상황에서 우리 스스로가 자행한 반사회적인 범죄행위를 자기중심으로 변명하고 자랑하고 있다는 것이다. 더욱 안타까운 현실은 이제 그 치유마저 거의 불가능한 상태에 놓여 있다는 것이다.

이러한 상태에서 대형 사태가 터질 때 마다 어떤 저명한 학자는 정부 시스템 작동이 제대로 역할을 하지 못했기 때문에 벌어진 일이라고 진단하고, 이와 같은 시스템 작동을 통해 해결 할 수 있는 방법은 정부가 제도적인 장치를 마련하고 엄정한 관리자의 역할을 다해야 한다고 주장하고 있다. 어떻게 보면 맞는 말이다.

그러나 이러한 제도적인 장치를 마련하고 엄정한 관리자의 역할 만으로는 이러한 불법과 부정, 부조리 부패의 도둑질 현상을 근본적으로 제거할 수는 없다는 것이다. 최근 김영란법이 제정되어 이러한 부정부패를 막아보겠다고 하지만 우리 사회에 법과 제도가 없고 엄정한 감독기관이 없어서 이러한 현상이 일어나는 것은 아니기 때문이다. 보다 근본적인 원인은 우리 사회에 만연하고 있는 불법과 부정, 부조리와 부패의 범법행위가 물질 만능주의에서 온 인간 본성의 가치관의 문제이고 양심의 문제이며 교육의 문제고 자기개발의 문제라는 것이다.

우리의 학교교육 중심에는 인성과 창의성, 재능에 관한 교육이 사라졌고, 철학과 역사 교육도 사라졌다. 또 우리말과 한자 교육도 사라졌고, 참된 인재를 개발해야 하는 사회교육은 전무한 실정이다. 법과 제도가 있어 범죄가 없는 것이 아니다. 아무리 좋은 법과 제도를 만들어 놓아도 이를 신뢰하고 지킬 수 있는 인성과 교양이 없다면 무용지물이 될 수밖에 없다. 인성과 교양, 건전한 자기개발을 할 수 있는 교육변혁운동을 삶의 전 과정을 통해 지속적으로 진행해야 한다. 이것만이 불법과 부정 부조리와 부패를 근본적으로 청산할 수 있다. 이것만이 선진국 국민이 되고 행복한 삶을 이루는 유일한 길이다.

나는 세월호 사태 이후 정부에 위와 같은 내용을 중심으로 인성교육과 사회교육에 관한 건의를 드렸다. 그 결과 교육부로부터 인성교육에 관한 교육을 강화하고 각종 안전 예방교육을 통합하여 체계적인 교육을 시행하겠다는 답변을 받았다. 이후 정부는 인성교육진흥법을 제정하여 인성교육을 추진하고 있으나, 단순한 예절교육으로 끝나지 않고 개인의 인격과 재능을 추구하고 창의성을 키워주는 방향으로 가야 한다. 더구나 인성평가가 전형에 반영되고 거짓 스펙이 전형에 될 수 있다는 불안감을 없애야 한다.

　그러므로 정부는 향후 추진할 교육변혁의 목표는 인간 본성 회복과 함께 창의성과 재능개발에 주안점을 두어야 하고 특권과 편법을 이용한 입시 제도를 근본적으로 변혁하여 공정한 경쟁이 이루어지고 그 결과가 정의롭게 보상받을 수 있는 교육이 되어야 한다. 공정한 경쟁이 배제되어 불공평한 결과를 가져다주는 입시 위주의 교육, 온갖 편법을 동원하여 경쟁자를 제거하는 교육의 틀을 바꾸는 방향으로 가야한다. 창의성 교육을 위해 정부가 중학교 학생을 대상으로 전면 실시키로 한 자유학기제 제도의 취지를 살릴지는 두고 봐야 하지만 자율성과 재능, 인성과 창의성의 교육이 될 수 있도록 다양한 분야의 공부를 익힐 수 있도록 교과과목과 교육과정의 내용을 전면 변혁해야 한다.

특히, 인성과 창의성, 재능교육은 오랜 시간 학교와 가정, 사회 속에서 개인적인 경험을 통해 배울 수 있도록 자연스럽게 만들어져야 한다. 또한 자기 스스로 판단하고 배려하고 공공의 중요성과 책임감을 주장할 줄 아는 교양 있는 인재개발의 사회교육이 평생 필요하다. 최근 애국심에 대한 여론조사에서 20대가 30대 40대보다 더 높게 나온 결과를 보더라도 인재개발의 사회교육이 더더욱 필요한 이유이다.

이러한 방향으로 교육변혁운동이 삶의 전 과정을 통해 추진이 되어야 우리 모두는 불법과 부정, 부조리 부패가 없는 나라를 만들 수 있다. 그러므로 교육변혁운동은 과거를 바르게 성찰할 수 있고, 희망이라는 미래의 다짐과 함께 현재의 행복한 삶을 살아가는 선진국 시민을 키우는 유일한 방안이다.

따라서 인성과 교양, 창의성과 재능개발의 교육변혁운동만이 항상 우리의 맑고 밝은 눈빛이 될 것이고, 용기와 자신감 있는 몸짓이 될 것이며. 우리 사회를 더욱 정의롭고 공정한 사회로 만드는 마음가짐의 중심축이 될 것이다. 즉, 사람을 사람다운 교양이 있는 선진국 시민으로 키워주는 것이 오랜 적폐를 청산할 수 있는 유일한 해결책이다. 바로 이 교육변혁의 문제는 우리 모두의 몫이고 우리 자신의 일이다.

　　대한민국의 대통령과 북한의 김정은이 지난해 4월 27일 판문점
에서 남북합의문을 발표 한데 이어 6월 12일 싱가포르에서 1차 북
미회담 그리고 금년 2월 28일에는 베트남 하노이에서 2차 북미회
담을 개최했으나 결국 결렬되었고 연말이 다 되어도 북한의 비핵
화는 하나도 진전되지 않고 있어 한반도의 통일은 아득히 멀어 보
인다.

　　1차 북미회담 결과에서 나온 합의문을 보면, 향후 한반도의 평
화를 위한 중요 의제인 북한 핵과 미사일문제 해결을 위한 북한의
비핵화는 언급이 없었고 한반도 비핵화라는 북한의 일방적인 주장

만 가득했다. 더구나 2차 북미회담이 결렬된 이후 미국의 트럼프 대통령은 북한에 비핵화에 대한 빅딜을 제안 했고 북한의 태도에 따라 대화를 할 것이며 한미군사훈련은 중단하겠다고 하면서 북한에 대한 대북제제는 계속할 것임을 분명히 했다. 그러나 최근까지 북미관계는 제대로 진행되지 않고 있다.

이처럼 한반도를 둘러싸고 일어나고 있는 이러한 징후들은 앞으로 어떤 방향으로 전개될 것인지 두고 볼 일이지만 북한이 민족자주와 민족주체를 주장을 하면서도 중국이나 소련에 의존하는 사대주의 태도를 보면 북한의 비핵화에 대한 진정성을 믿을 수 없다. 특히, 한반도 비핵화라는 북한의 분명하지 못한 태도는 대한민국과 미국 사이에서 자신들의 이익만 독차지 하겠다는 도둑놈심보나 마찬가지이다. 이러한 태도는 진정한 한반도 통일을 바라는 태도가 아니다. 특히, 대한민국의 대통령도 한미동맹을 바탕으로 한 북한의 비핵화 문제를 언급하지 않고 한반도 비핵화의 운전자 역할을 강조하면서 북한의 입장을 대변하는 태도는 대한민국 헌법을 무시하고 국민을 기만하는 행위로 밖에 볼 수 없다. 더구나 이와 함께 주변 강대국이 참여하는 다자간평화협력체제 방안을 주장하는 것도 외교의 이치에도 맞지 않을 뿐만 아니라 북한의 비핵화를 더욱 더 어렵게 만드는 일이 될 것이다.

미국 대통령은 자신이 한반도의 지정학적인 국제정치 질서를 이용하여 자신의 재선에 활용하려는 태도만으로는 북한 핵문제를 해결할 수 없다. 미국은 한반도에서 힘의 균형을 유지하려는 세계 경찰국가로서의 역할을 포기하고 일본에 배수진을 친 상황은 한반도의 통일을 포기한 태도로 간주해야 한다. 이런 한반도의 상황에서 주변 강대국 다자간평화협력체제 방안의 제안은 결국 시간만 낭비하는 결과를 초래하고 오히려 남북 간의 갈등만 더 조장할 것이다. 최근 북미 간에 전개되고 있는 북한의 비핵화에 대한 협상이 전혀 진전을 못보고 있고 또 모든 책임을 미국과 한국에 돌리는 북한의 태도는 배후 세력인 중국과 소련에 기대어 자신들의 대남노선에 변화가 없음을 보여주는 태도가 분명하다.

북한의 비핵화 문제는 한미동맹의 바탕에서 대한민국과 북한이 중심이 되어 이 문제를 풀어야 한다. 이처럼 대등한 관계 설정이 전제되지 않는 북한의 비핵화는 성공하기 어렵다. 왜냐하면, 북한이 진정으로 민족자주와 민족주체의 입장이라면 북한의 비핵화 문제는 주변 강대국에 기대지 않고 독자적으로 해결하겠다는 의지를 먼저 보여주어야 한다. 그래야 주변 강대국들이 북한의 체제를 보장해 줄 수 있다. 북한이 자신들의 체제를 국제사회에서 인정받고 안전을 보장받으려면 북한이 먼저 비핵화 문제의 방안을 대한민국에 제시해야 한다.

그러나 북한은 이러한 태도는 보이지 않고 미국과의 상대를 통해 자신들의 체제 안전보장을 구걸하는 태도는 올바른 태도가 아니다. 즉, 대한민국과 북한이 주체라면 북한의 비핵화 문제는 당사자끼리 자주적으로 해결하면 된다. 이렇게 되면 이를 바탕으로 주변 강대국들에 설명하고 협조를 구하는 방향으로 가야 한다. 이와 함께 북한은 먼저 북한의 비핵화에 대한 진정성을 당사자인 남한에 보여주어야 하고 남한도 이에 걸 맞는 비핵화 방안을 제시해야 한다. 이렇게 되면 북한의 비핵화와 체제의 안전보장은 그 가능성을 예단할 수 있다.

이처럼 북한의 비핵화를 포함한 북한체제 안전보장 문제와 관련하여 북한이 보인 행동은 그 진정성에 대해 많은 의구심을 갖게 하는 것이 바로 김정은의 태도다. 계속되는 미사일 실험 발사만 보더라도 이러한 진정성을 전혀 느낄 수가 없다. 북한이 한반도에서 진정한 평화를 원하고 자신들의 체제를 국제사회에서 보장받으려면 과거 역사에 대한 분명한 입장 표명과 함께 현재 북한 체제의 실상을 솔직하게 말하는 진정성을 먼저 보여주어야 대한민국의 국민들도 그 진정성을 납득할 수 있다.

특히, 북한이 핵무기와 미사일을 앞세워 힘의 과시를 계속 고집만 한다면 한반도에서 진정한 평화는 기대할 수 없다. 더구나 북한은 이 지구상에서 가장 부도덕한 1인 지배의 봉건 왕조세습의 독재정권이고 국제사회가 인정하고 있는 불량국가이다. 더구나 인간에게 부여된 인권을 철저히 말살하고 체제 유지를 위해서라면 친인척의 암살과 공개처형, 고문과 강제노역 등 반인륜적 악행을 아무런 죄책감도 없이 자행하고 있는 유일한 곳이다. 그리고 엄청난 돈과 많은 시간을 핵과 미사일 개발에 주력하면서 국제 사회를 위협하고 북한주민의 민생을 외면하면서 아직도 대한민국을 무력으로 적화시켜 통일을 완성하겠다는 욕심을 버리지 않고 있는 집단이다.

이런 북한에 대해 과거 김대중 정부는 대북 포용정책을 추진하기 시작했고 이어 노무현 정부도 이러한 대북 포용정책을 이어받아 햇볕정책을 추진했다. 이 10년 동안 남한 정부가 북한에 엄청난 비용을 지불하면서 대화와 교류정책을 추진했음에도 불구하고 남북 정상회담에서 두 전직 대통령들은 북한의 핵과 인권 문제에 대해서만은 어떠한 언급이 없었다는 것은 국민을 기만하고 사기를 친 도둑질 행위나 별 다를 바 없다.

이처럼 두 전직 대통령들이 대북정책을 추진하면서 북한의 핵과 인권 문제를 거론하지 못한 이유는 교류와 협력이라는 위선과 가식으로 가득 찬 인기영합주의 정책에 빠져 있었고, 어떤 것이 진정한 한반도의 평화를 위한 중요한 정책인지에 대한 정확한 분석도 없었다. 이런 분석이 없다보니 대안을 마련하지도 못했다. 이어 햇볕정책을 반대했던 이명박 대통령은 북한에 대해 엄포만을 행했고, 박근혜 대통령도 초기에는 한반도 신뢰프로세스 정책으로 교류협력을 추진했으나 북한의 5차 핵실험이 있자 대북 엄포정책으로 되돌아섰다.

현재 한반도는 중국과 소련을 한 축으로 하는 대륙세력과 미국과 일본을 한 축으로 하는 해양세력의 틈바구니라는 지정학적인 위치에 놓인 상황은 전쟁이라는 역사가 시작될 때부터 시작되었던 국제정치질서의 산물이다. 이런 지정학적인 냉엄한 국제정치질서 아래에서 북한이 핵과 미사일을 갖게 되었다는 사실과 문재인 정부의 남북군사합의서 서명은 한반도에서 대한민국은 완전히 무장해제를 당한 것이나 다를 바가 없다는 것을 의미한다.

이렇게 우리가 북한한테 무장해제를 당한 원인이 무엇일까. 그것은 분명 그동안 우리가 통일에 대해 깊은 성찰이 없었고, 북한의 실상에 대해서도 정확히 알지 못했다는 사실이다. 또한 통일을 어떻게 할 것인가, 그리고 한반도 통일을 위해 어떤 방안들이 유용할 것인가에 대한 논의가 없었고 이를 제대로 만들지도 못했다는 것을 의미한다. 그리고 정권을 잡은 권력자들은 통일을 어떻게 추진해야 할 것인가에 대한 국민적 합의마저도 제대로 이끌어 내지 못했다.

　북한의 핵과 미사일 도발에 대한 방어책의 일환으로 사드배치를 놓고 정치권이 보여준 태도는 실망을 넘어 어리석음의 극치를 보여 주었다. 더구나 이처럼 대한민국이 처한 국가의 위기상황 앞에서 국론을 통일하기 보다는 마치 분열과 갈등이 있는 것처럼 보여준 우리의 태도가 더 문제다.

　이제 한반도 통일과 북한의 비핵화 문제를 해결하기 위해서는 우리가 처한 현실에서 가능한 모든 방법을 다 동원하여 핵과 미사일 도발을 저지해야 하고 우리의 우방 국가들에게 북한이 핵을 포기하도록 압력을 넣은 일에 모든 수단을 다 강구해야 한다.

　특히, 북한의 비핵화 해결은 북한의 인권 문제와 함께 전략적으로 연계하여 북한을 압박하는 카드로 사용해야 한다. 다행히 북한인권법이 제정 되어 2016년 9월 4일부터 시행되고 있기 때문에 북한 인권 문제와 연계한 대북 압박정책을 적극 추진해야 한다. 이 북한인권법은 북한주민의 인권 보호 및 증진을 위하여 유엔 인권선언과 국제인권규약에 규정된 자유권 및 생존권을 추구함으로써 북한주민의 인권 보호 및 증진에 기여할 목적으로 제정되었다. 이제 북한주민의 인권을 보호하고 증진하는 문제는 우리 모두의 관심과 노력에 달려있게 되었다는 것이다.

이 북한인권법의 주요 내용을 보면, 북한 인권 증진과 인도적 지원을 위한 기본계획을 수립하고, 외교부에 북한 인권국제협력대사 설치, 통일부에 북한인권증진자문위원회 설치, 법무부에 북한 인권기록보존센터 설치하기로 되어 있다. 또 북한인권재단을 설치하여 북한인권 실태 조사 연구, 남북인권대화를 통한 정책대안 개발과 대정부 건의, 북한의 인도적 지원 수요에 관한 조사 연구, 대북 인도적 지원을 위한 정책대안의 개발, 시민단체의 지원 등의 업무를 추진하는 것으로 되어 있다.

그동안 지금의 여당은 야당시절부터 이 북한인권법 제정을 두고 어떠한 가치보다 인권을 최우선시한다면서도 북한인권법을 국회에서 제정해도 그 실효성이 없다고 보고 오히려 남북관계에 부담만 준다는 이유로 북한인권법 제정을 막고 있었다. 당시 이러한 야당의 행동 때문에 북한 주민의 인권탄압을 사실상 묵인해주었다는 점을 솔직히 인정하고 북한 핵문제와 인권문제에 대해 집권여당답게 대안을 마련하고 이를 실천해야 한다.

과거 서독의 경우 1961년부터 1990년 통일이 될 때까지 4만

1390건의 동독의 인권침해를 기록. 보존해 이를 토대로 통일 후 인권유린 행위자들을 기소했다. 이렇게 공소시효가 없는 반인륜 범죄를 낱낱이 기록하는 것 자체가 인권유린을 자행하는 집단에 대한 견제장치가 되었다는 사실을 지금의 여당은 잘 알고 있을 것이다.

이제 북한인권법이 제정되어 시행되고 있는 이상 북한주민들이 북한 내에서 살해, 공개처형 되는 것과 강제수용소에서 짐승처럼 당하고 있는 인권침해에 대해 탈북자들의 증언과 신고를 통해 샅샅이 이를 기록하고, 이를 세계에 알려야 한다. 특히, 김정은이 저지르고 있는 무차별 숙청과 관련된 범죄사실과 함께 북한 핵과 미사일 문제의 심각성을 알리고 이를 바탕으로 국제기구를 통해 북한을 압박하기 위한 카드로 최대한 활용해야 한다.

그러므로 북한의 비핵화와 북한 인권 문제를 연계하여 추진해야 북한이 생각하고 있는 한반도 통일에 대한 진정성을 가늠할 수 있고 이런 바탕위에서 북한의 비핵화 문제를 해결할 수 있다. 만약 문재인정부가 한미동맹이라는 안보를 무시하고 다자간평화협력체제의 대북정책을 추진할 경우 북한의 비핵화는 더욱더 불가능해질 것이다. 특히, 북한의 요구만을 수용하는 제한된 의미의 평화통일이라는 프레임에 갇혀 대북정책을 추진한다면 결코 한반도에서 평화를 기대할 수 없다. 설사 북한이 주장하는 대로 북한 체제를 보장하고 한반도 비핵화를 이룩한다고 하더라도 북한주민에 대한 인권 탄압과 숙청이 계속되고 신격화된 1인 왕조세습체제의 세습과 주체사상의 허구만을 주장하는 북한을 용인한다면 한반도의 진정한 평화는 오지 않을 것이다. 이 문제는 우리 모두가 이제 앞장서서 해야 하는 일이고 시대적 소명이고 역사적 책무다.

1969년 서독의 빌리 브란트 수상이 동방정책을 발표하면서 시작된 동독주민의 인권 문제 제기는 결국 독일 통일을 성취하는 출발점이 되었다는 점을 우리는 타산지석으로 삼아야 한다. 남북한 통일이 지금은 요원해 보이지만 우리는 북한이 핵을 포기하도록 하는 일과 북한주민의 인권 보호 및 증진을 위하는 일을 함께 추진해야 한반도의 진정한 평화와 통일을 기대할 수 있다. 그러므로 실천 가능하고 효과적인 대북정책을 실행해야 한다.

이제는 북미정상회담의 결과에 따라 한반도의 미래가 어떠한 방향으로 전개 될 것인지를 기대하지 말고 남북이 한반도 통일과 평화의 당사자가 되어 주도적으로 이 문제들을 풀어가야 한다. 이를 위한 실천적 대안의 하나로 냉전이 공존하고 있는 한반도의 비무장 지대에 중립평화구역을 지정하고 이 중립평화구역에 남북 연락사무소를 우선적으로 설치하고, 이후 이 평화구역에 유엔 본부의 설치를 남북이 공동으로 제의하고 유엔 본부 건설에 따른 비용은 유엔과 남북한이 공동으로 부담하는 방안을 국제사회에 제안을 해 보는 것이 어떨까. 만약 이러한 제안이 국제사회에서 받아드려진다면 남북한은 영원히 평화를 유지하는 중립국가가 될 수 있을 것이다. 이러한 일이 분단된 한반도에서 살고 있는 우리가 먼저 추진해야 할 한반도통일 변혁운동이다. 즉, 남북이 당사자이고 주인이기 때문이다.

종교에 대한 믿음

조선이 망해가자 일제에 의해 통영에 있던 삼도수군통제영 군영도 없어졌다. 조선 수군 군영이 없어지자 삼도수군통제사 부관으로 있던 고조부는 관직을 떠났고 이 후 바로 돌아가셨다. 어린 증조부는 선영이 있는 통영의 미륵도로 들어와 육남매를 두었으나 증조부도 일찍 세상을 떠났다. 이런 일제 식민지 치하에서 증조모는 육남매를 키울 수가 없었고 아들 셋을 절로 보낸 것이 불교와 인연이 되었다.

이런 집안의 분위기 때문인지 어린 시절 나는 불교만이 유일한 종교처럼 보였다. 그러나 초등학교를 다니면서 기독교와 천주교 등 다른 종교도 세상에 있다는 사실을 알게 되었다. 초등학교 졸업 후 공장 노동자로 근무하면서 주위의 권유로 천주교를 알게 되었고 6개월 간 천주교 기초교리 교육을 받으면서 사랑을 알기도 했다.

이 후 나는 몇 년이 지나 성균관대학교에 입학을 하게 되었고 학교 설립자의 교육이념에 따라 유교를 자연스럽게 알게 되었다. 대학교 1학년 필수교양과목인 유학과목을 통해 유교의 가르침을 접했다. 또한 원시 불교학을 수강하여 불교에 대한 기초 소양도 얻게 되었다. 이후부터 나는 어떤 특정 종교를 믿거나 관심을 갖지 않았지만 어느 날 우연히 지인의 권유로 불교 간화선을 알게 되었는데 이 간화선을 공부해 보았지만 머리가 우둔하여 더 이상의 진전은 없었다.

그러나 내가 불교 간화선을 통해 알 수 있었던 점은 세상의 모든 사람들이 탐. 진. 치라는 삼독에 빠져 살고 있다는 것이 우리의 삶이었다. 삶의 과정에서 이 삼독을 제거하고 열반의 경지에 들어 깨달음을 얻는 가르침이었다. 간화선의 핵심은 욕심을 없애기 위해 계율을 지켜야 하며, 성냄을 다스리기 위해서는 선정으로 도를 닦고, 어리석음을 벗어나기 위해서는 지혜롭게 삶을 살아야 한다는 것이 불교 간화선이었다. 이 간화선의 치열한 수행만이 인간이 삼독에서 벗어날 수 있다는 것이다. 이러한 가르침은 당시 나의 텅 빈 마음을 어느 정도 채워주기도 했다. 또한 동양의 또 다른 종교인 도교와 노장사상은 자연과 사람의 조화 속에서 삶의 최고의 가치는 행복이라는 진지를 알게 해 주었다. 이로 인해 나는 많은 편안함을 느낄 수 있다.

이처럼 기독교와 유교, 도교와 불교를 통해 내가 느낀 것은 현재 내가 살고 있는 최고의 가치는 행복이고 행복한 삶이 바로 천당이라는 것이다. 자신이 현재 처해 있는 삶의 순간순간에 행복과 불행의 원인으로 인해 인간은 천사가 되기도 하고 마귀가 되기도 한다는 것이다. 특히, 마귀는 천사가 사랑과 자비심, 포용과 조화를 더 베풀 때마다 더 처절하게 다가와 행복을 방해 하는 것이 삶의 이치라는 것이다. 따라서 무한한 사랑과 자비심, 포용과 조화, 행복한 마음만이 탐욕을 극복할 수 있고 마귀를 물리칠 수 있다는 것이다. 이것이 우리를 불행에서 벗어나게 하는 유일한 길이라는 것으로 믿고 있다. 이렇게 살아가는 자세야 말로 진정한 의미의 종교에 대한 믿음이 아닐까.

이처럼 인간은 자기 자신이 예수의 사랑, 부처의 자비, 공자와 맹자의 인과 덕, 노장의 도를 취하고 삶을 실천해간다면 세상의 어떠한 고난과 고통을 감내할 수 있고 사는 동안 행복을 영원히 누릴 수 있다는 것이다. 이러한 마음가짐만 갖는다면 우리는 항상 맑고 밝은 눈빛으로 사물을 바라볼 수 있고, 항상 따뜻한 감성과 깨끗한 심성으로 행복한 삶을 살아 갈 수 있는 것이다.

특히, 이러한 마음가짐과 행동을 하게 되면, 인간이 삶의 현실에서 만나는 어떠한 불법과 부정, 부조리 부패와는 전혀 타협할 수 없고 마귀들이 판을 치는 불행한 세상을 극복할 수 있다는 점이다.

그러므로 이러한 마음가짐으로 자신의 행동을 실천 할 때 인간은 항상 이웃을 사랑하게 되고 주위에 자비를 베풀고 자연과 인간이 조화를 이루는 행복한 삶을 영위할 수 있다.

따라서 우리가 믿는 종교가 어떤 종교이든 자신이 믿고 있는 그 신앙에 대해 확고한 믿음을 갖는 것이 무엇보다 중요하다. 또한 다른 종교에 대한 지식을 폭 넓게 수용하고 배우는 자세가 종교에 대한 믿음이고 진정한 종교인의 자세라고 본다. 이것이 종교에 대한 진정한 믿음이다. 우리의 헌법이 종교의 자유와 양심의 자유를 규정한 것도 바로 이런 이유다.

한국광물자원공사의 미래

문재인 정부는 한국광물자원공사와 한국광해관리공단의 통폐합을 추진하겠다고 발표를 했다. 이러한 정부의 발표가 과연 합리적이고 국가의 이익에 부합하는지는 두고 볼 일이지만 지하자원이라고는 전무한 우리의 현실을 감안할 때 해외 자원개발에 손을 떼는 정책은 잘못된 방향으로 정책을 추진하고 있는 것이 분명하다.

이러한 정부의 결정은 장기적인 사업기간이 소요되고 경기 순환의 사이클이 긴 광물자원 사업의 특수성과 세계 광물자원 시장의 특성, 국가 전략적 광물자원 확보 등 종합적인 광물자원 사업의 성격을 전혀 고려하지 않고 내린 엄청난 정책적 오류가 아닐까. 전문성이 없는 교수들이 모인 위원회에서 회계법인의 용역 결과만을 믿고 결정한 것인지 아니면 무능한 행정부의 근시안적인 탁상행정의 결과인지 알 수 없다.

한국광물자원공사는 정부가 실시한 2011년 공공기관 경영평과에서 최고의 등급인 A등급을 받았다. 이렇게 경영평가에서 A등급을 받고도 5년 후 경영평가에서 최하위 등급인 E등급을 받은 것은 누구의 책임일까. 과연 이러한 정부의 공공기관 경영평가가 합리적인 기준에 의해 제대로 된 평가일까. 특히, 공공기관의 장을 비롯한 경영진에게 경영의 자율성과 책임성을 부여하지 않으면서 경영평가를 한다는 것은 국민을 속이고 정부의 책임을 면하기 위한 하나의 도둑질 행위나 다를 바 없다.

현재 한국광물자원공사가 창사 이후 가장 어려운 위기상황에 놓이게 된 근본적인 원인이 어디에 있을까. 그것은 바로 정부가 한국광물자원공사 경영진에게 경영에 대한 자율성과 책임성을 주지 않은 이유도 있지만 보다 중요한 원인은 정권이 바뀔 때마다 정부가 공기업 경영에 대해 이래라 저래라 간섭을 함으로써 경영의 자율성과 책임성을 정부 스스로 부정하고 자신들만을 위한 도둑질 행위의 희생물로 전락시켰다는 사실이다. 이러다보니 공기업 경영진들은 책임 있는 경영이나 일관성 있는 경영을 할 수 없었다.

한국광물자원공사의 경우, 이명박 정권 당시 공사의 경영진들은 한국광물자원공사법 제14조의 규정에 의하면, 공사 부채 규모의 상한액이 자본금과 적립금을 합한 금액의 2배를 초과하지 못하도록 규정하고 있음에도 불구하고 정부의 해외광물자원 사업의 확대라는 지시에 따라 공사법 규정을 무시하고 사채의 발행과 금융기관에 의한 차입을 통해 무리한 해외 광물자원투자를 하여 지금의 이러한 상황을 맞게 된 것이다.

더구나 공사의 이익과 사장의 이익이 상반될 때에는 사장의 대표권을 제한하고 감사가 권한을 할 수 있도록 공사법 7조에 규정을 하고 있으나 상임감사위원도 해외 자원개발사업 투자 확대라는 정부의 지시에 따라 감사의 직책을 제대로 수행하지도 못했다. 결국 자본금 증액이 없는 무리한 투자를 사전에 예방하지도 못했다는 점이다.

더구나 공사의 사장은 운영사업을 시작한 후 정부와 국회를 설득하여 정부 출자금에 의한 자본금 증액을 추진했으나 정권을 잡은 정부나 또 정권을 이양 받은 정부도 이러한 해외광물자원사업을 추진할 수 있도록 자본금 마련에 관심이 없었고 광물자원확보라는 정책을 추진하지 않은 것이 오늘의 이 어려운 상황을 키운 결과다.

특히, 박근혜 정부 출범과 함께 야당의 해외자원비리 공세에 몰리자 정부는 이를 전정권의 책임으로 돌렸다. 이러한 상황에서 해외자원개발 사업을 계속 추진하기 위해서는 차입에 의한 투자를 확대하여 진행될 수밖에 없는 구조적인 모순을 안고 있었다는 점이다. 이것이 바로 한국광물자원공사가 오늘의 위기상황을 자초하게 된 근본적인 원인이다.

이러한 상황에서 정부가 실시한 2014년도와 2015년도 경영평가에서 한국광물자원공사는 최하위 등급을 받을 수밖에 없었다. 이와 같은 경영평가도 전임 사장들이 추진한 경영 결과를 후임 사장이 평가를 받는 아주 비합리적인 모순투성이의 경영평가 결과가 아닐 수 없다.

그러나 이러한 경영평가처럼 과연 오늘의 한국광물자원공사가 위기상황에 놓여 있는 것일까. 아니면 글로벌 광물자원기업으로 성장하는 과정에서 겪는 일시적인 어려움일까. 특히, 현재 한국광물자원공사는 세계 글로벌 광물자원기업들과 자산규모를 비교 해볼 때 너무나 영세한 수준이다. 세계 광물자원기업 순위로 보면 80위에 머무르고 있다. 이러한 영세한 기업 조건에서 세계 글로벌 광물자원 기업들과 경쟁을 해야 하는 상황이다.

또한 해외 자원개발이라는 장기적인 투자가 요구되는 광물자원사업이 세계 광물자원 시장의 불경기 및 해외 광물자원 확보라는 종합적인 상황을 전혀 고려하지 않고 결정한 정부의 공기업 구조조정이 세계 광물자원시장의 실태를 고려하고 내린 결정인지 아니면 무지와 무책임한 행정 결정인지 묻고 싶다. 이와 같은 산업통상자원부의 한국광물자원공사의 구조조정 계획에 대해 국민들이 과연 납득하고 동의할 수 있을까.

어쨌든 한국광물자원공사가 세계적인 메이저 광물자원기업이 되기 위한 방안이 무엇일까. 자본금 여유가 있는 한국광해관리공단과의 통합이 향후 공기업을 살리기 위한 정책인지 두고 볼 일이지만 지난해 말 국회에서 집권당인 여당이 정부와 협의하여 자본금 증액을 찬성해 국회 산업통상자원위원회에서 통과를 해 놓고도 집권당 모 의원의 본회의 반대토론에 현혹되어 집권당 스스로 한국광물자원공사의 법정자본금 증액을 부결시키고 말았다. 이렇게 정부가 자본금 증액에 실패하자 다른 공기업과의 통합이라는 대안을 제시한 것이 과연 합당한 것인지 잘 납득이 가질 않는다.

한국광물자원공사가 글로벌 메이저 광물자원기업 되기 위해서는,

첫째, 현재 한국광물자원공사가 진행하고 있었던 34개 사업 중 공사의 유일한 운영사업인 멕시코 볼레오 사업과 호주 와이옹 사업을 제외하고는 32개 사업 모두가 지분 투자 형태의 사업이다. 공사의 자산 5조7천억 원의 규모는 세계 메이저 광물자원사업자들과 비교해 보면 규모면에서 너무나 영세하고 이런 규모로는 세계 광물자원 시장에서 경쟁력을 확보하기도 어렵다는 것이다.

특히, 자본금 증액 없이 차입에 의존한 투자만 진행되고 있다 보니 자체 재무구조가 취약해 질 수밖에 없었던 상황이다. 이처럼 취약한 재무구조로 인해 유동성 단기 자본이 부족하다 보니 광물자원 시장에서 능동적으로 대처할 수도 없었다. 오직 자산매각만을 통한 부채 감축만을 내세운 재무구조 개선만으로 중장기 재무구조 개선은 더욱 어려워 보인다. 이러한 계획만으로는 공사가 스스로 글로벌 메이저 기업으로 성장할 수 없다는 것을 자인하고 있는 꼴이다.

그러므로 최소한 글로벌 메이저 기업들과 경쟁할 수 있도록 법정자본금 증액이 시급히 추진되어야 한다. 이 자본금 확충은 공사법이 규정하고 있는 부채비율 200%에 접근하도록 장기적인 국가 전략적 산업 차원에서 특단의 지원이 이루어져야 한다. 결국 법정 자본금 증액은 최소한 2조 원이 증액되어야 안정적인 경영을 할 수 있고 이를 기반으로 새로운 자체 운영사업을 준비할 수 있을 것이다.

둘째, 경영에 대한 자율성과 책임성을 주어 사업의 연속성이 유지 되어야 한다. 현재 한국광물자원공사의 경영은 중앙정부인 기획재정부와 산업통상자원부의 지휘. 통제 하에 경영되고 있다. 이러한 공기업의 특성 때문에 정권이 바뀔 때마다 경영은 일관성을 유지하지 못하고 그때그때 정부의 지시에 따라 사업의 방향이 달라지고 있다. 투자를 늘리라고 하면 법정자본금의 증액도 없이 차입금에 의해 투자를 늘렸고, 부채를 감축하라고 해서 자산 매각을 추진해 보지만 이 마저도 해외 광물자원시장의 불경기로 인해 잘 진행 될 수가 없는 것이 광물자원 시장의 실상이다.

이러한 상황에서 나온 통합 계획은 일시적인 미봉책에 불과 할 뿐이다. 더구나 자산매각을 통한 부채감축도 지금 같이 광물자원시장이 엄청난 불경기를 맞고 있는 상황에서 추진은 사실상 어려울 뿐만 아니라 아무런 효과도 볼 수 없다.

그러므로 광물자원사업은 장기적인 투자의 특수성과 국가의 전략광물 비축사업 등을 감안하여 향후 민영화가 어렵다면, 전문 경영인을 충원하여 광물자원사업의 특수성과 전문성, 사업의 일관성을 유지하도록 경영에 대한 자율성과 책임성을 주어야 한다.

이렇게 할 때 자생력 있는 세계 메이저 광물자원 기업이 될 수 있을 것이다. 또한 이렇게 되면, 해외자원개발사업에 대한 민간 투자를 활성화 할 수 있고, 국내 기술력 확보 및 인력 확보에도 유연성 있게 대처할 수 있지 않을까. 특히, 전문 경영인에게 운영을 맡길 경우, 해외 광물자원 시장에 능동적으로 대처하여 경쟁력을 높일 수 있고, 더 나아가 중장기 성장 동력 확보를 위한 탐사운영사업과 해외투자사업의 내실화를 통한 재무건전성 확보에도 제대로 대처할 수 있다.

셋째, 해외자원개발사업의 대형화를 위해서는 사업에 필요한 전문 인력 확보가 정부 차원에서 치밀하게 진행되어야 한다. 운영사업에 필요한 탐사, 개발, 채광, 생산 단계에 따라 전문 인력의 확보가 준비되어야 한다. 특히, 플랜트 기술부문은 고도의 전문기술자가 확보되어야 정상적인 생산을 유지할 수 있기 때문이다.

또한 재무구조 개선을 위해서도 개발 분야의 전문가와 재무 분야의 국제금융 전문가 등 글로벌 인재 확보에도 정책적 지원이 있어야 한다. 특히, 대형 운영사업을 제대로 추진하기기 위해서는 자회사에 대한 직무감사를 강화하여 채광에서부터 제련을 통한 생산과정과 판매과정까지 전 과정의 업무에 대한 관리 감독을 강화하여 직원 스스로가 주인의식과 책임감을 갖고 일할 수 있는 조직의 변혁이 선행되어야 할 것이다.

더구나 향후 통합될 공사가 경영을 개혁한다는 명분을 내세워 향후 해외자원개발 운영사업의 추진은 아예 포기한 상태이고 자본금 확보를 위한 방안과 전문 인력 확보에 대해서도 전혀 언급이 없는 상황이다. 이러한 상황에서 광물자원사업의 미래에 대한 발전을 기대하는 것은 나만의 기우일까. 정말 안타까운 심정이다.

더구나 한국광물자원공사의 유일한 운영사업인 멕시코 볼레오 사업의 경우도 2018년이 되면, 플랜트의 경우 생산목표 80% 가까이 생산량 목표를 세워놓고 있다. 이 멕시코 볼레오 사업의 경우, 한국광물자원공사는 1조8천억 원 규모의 투자를 자회사인 볼레오 컴퍼니 MMB에 대부 형태로 투자를 하고 있다. 이 투자액이 모두 공사의 부채로 잡혀 있어 재무구조 건전성을 악화시키고 있는 원인이 되고 있다.

그러므로 재무구조 건전성 확보를 위해서는 생산목표 80%를 달성하는 시기에 맞추어 프로젝트 파이낸싱을 추진하든 해외 매각을 하든 단기적인 공사의 재무구조를 개선하기 위한 유일한 방안처럼 보이지만 정상적인 생산이 가능해야 이것도 실현될 수 있다.

넷째, 향후 남북관계를 고려하여 이에 대한 충분한 대비가 있어야 하고 범정부차원에서 자원 보유 개발도상국과의 협상을 통해 운영사업개발을 추진해야 한다. 국가의 전략적 광물자원 확보 경쟁에서 이기기 위해서는 자원 보유국가에 사회 간접자본시설에 투자를 병행하는 조건으로 해외 광물자원 운영사업 개발을 추진해야 하지 않을까. 이를 위해서는 국내 민간 자본과 함께 컨소시엄을 구성해 장기적인 전략을 갖고 접근하는 것이 해외 광물자원 사업권을 확보하는 유일한 방안으로 보인다.

그러므로 한국광물자원공사가 글로벌 메이저 광물자원 사업자가 되기 위해서는 위에서 간략히 언급한 것들이 반드시 추진되어야 한다. 정부의 지시일변도 경영보다는 자율경영에 의한 경영만이 글로벌 메이저 기업으로 성장할 수 있는 지름길이 될 것이다.

광물자원사업이라는 사업의 특수성을 감안할 때 당장 민영화가 어렵다면 전문 경영인을 충원하여 경영의 자율성과 책임성, 사업의 일관성 있는 경영이 이루어져야 글로벌 메이저 기업이 될 수 있다는 것이 해외 광물자원사업에 대한 나의 소견이다. 경영의 창의성과 능률성을 높이기 위해서도 경영의 자율성과 책임성, 일관성은 꼭 필요한 것이다.